WORKBOOK

2nd GRADE

IQRA'
Arabic Reader 2

Fadel Ibrahim Abdallah

IQRA" International Educational Foundation - Chicago

Part of a Comprehensive and Systematic Program of Arabic Studies

A Workbook for the Program of Arabic Studies Elementary Level

IQRA' Arabic Reader 2
Student's Book - 2nd Grade

Chief Program Editors:
Abidullah al-Ansari Ghazi
Ph.D. History of Religion, Harvard

Tasneema Khatoon Ghazi
Ph.D. Curriculum and Instruction, University of Minnesota

Reviewers:
Khalil Tahrawi, Ph.D.
Professor of Arabic at John Hopkins University

Graphic Design:
Sabeehuddin Khaja

Production coordinator:
Aliuddin Khaja

First Printing June 2007
Second Printing October 2008
Third Printing August 2011
Printed in U.S.A

LCCN:
ISBN # 1-56316-033-1

كتاب التدريبات

– الصف الثاني

كتاب اقرأ في

القراءة العربية ٢

إعداد

فضل ابراهيم عبد الله

مؤسسة اقرأ الثقافية العالمية - شيكاغو

مقدمة المؤلف
وتعليمات للمدرسين والمدرسات

يسرني أن أقدّم لإخوتي المدرسين وأخواتي المدرسات **كتاب التدريبات** هذا كمرافق لكتاب التلميذ للصف الثاني ، ضمن **الجيل الثاني** من **منهج اقرأ** المتكامل لتعليم اللغة العربيّة لغير الناطقين بها .

وإنّه لمن نافلة القول أن أذكّركم بأنّ كتاب التدريبات هذا يُعتبر مكمّلا أساسيًّا ، ومرافقا طبيعيًّا لكتاب التلميذ . فهو كتاب يُقصد منه أن يعطي التلاميذ مزيدًا من الفرص والوقت لتطبيق مع تعلّموه من كتاب التلميذ من مهارات اللغة : القراءة والكتابة والإستماع والتعبير الشفوي والكتابي . كما أنّ التمارين والنشاطات اللغوية في هذا الكتاب تساعد التلاميذ على تطوير مهارات التفكير النقدي والتحليل اللغوي لفهم قواعد اللغة فهما عمليًّا تطبيقيًّا من خلال السياق .

وأرجو أن يلاحظ المدرسون والمدرّسات الكرام أنّ جزءًا كبيرًا من مفردات كتاب التدريبات هذا قد تُرِكَتْ من غير تشكيل بالحركات حتّى يتدرّب التلميذ في هذه المرحلة المبكرة على التعامل مع النصوص غير المشكولة ، خصوصا وأنَّـهُ درسها بالتشكيل الكامل في كتاب التلميذ .

وحيث أنّ تدريبات كتاب القراءة قد صُمّمت لتركز على الجانب الشفهي للغة ، فقد صُمِّمَت تدريبات هذا الكتاب في معظمها لتركز على الجانب الكتابي للغة . ولتوخي أقصى حدود الفائدة من هذا الكتاب ، يُرجى من المدرّسين والمدرسات التركيز على تحقيق الأغراض التالية :

١- القدرة على القراءة الصامتة مع الفهم والإستيعاب للمقروء .

٢- القدرة على القراءة الجهرية لمفردات وجمل وتراكيب لغوية غير مشكولة ، مستذكرًا طريقة النطق السليم كما وردت مشكولة في كتاب التلميذ .

٣- القدرة على تذكر معاني المفردات التي تتكون منها الجمل .

٤- القدرة على المناسبة بين تراكيب لغوية مترابطة في المعنى والسياق إذا وردت غير مرتَّبَة .

٥- القدرة على ترتيب مجموعة من الكلمات غير المرتَّبة لتكوين جمل مفيدة .

٦- القدرة على اختيار الكلمة المناسبة للفراغ من بين مجموعة من الكلمات .

٧- القدرة على التعرف على المترادفات والمتضادات في المعنى .

٨- القدرة على التعرّف والربط بين المفرد والجمع في الأسماء .

٩- القدرة على الصياغة السليمة لتصريفات الأفعال التي درسها بطريقة عملية تطبيقية ، دون الحاجة إلى الفهم النظري .

١٠- القدرة على التعرف على الأخطاء الإملائية والتهجي الصحيح للمفردات التي درسها .

وبالإضافة إلى التركيز على تحقيق هذه الأهداف من خلال مادة كتاب التدريبات هذا ، فإنّه يُنْصَحُ بتخصيص وقت كافٍ في الصَّف للإجابة عن معظم تدريبات الكتاب تحت الإشراف المباشر للمدرس أو المدرسة . ويمكن تخصيص نسبة قليلة من هذه التدريبات لتُنْجَز في البيت كواجب منزلي ، بشرط أن يخصَّص بعض الوقت في الصّف أو المكتب في اليوم التالي للتأكُّد من صحَّة إجابات التلاميذ .

فضل إبراهيم عبدالله

شيكاغو في ٣٠ نوفمبر ٢٠٠٦

المحتويات

المحور: التحيّات والتعارف : الوحدة ١

تدريب ١ : التناسب بين عبارات العمود الأيمن والعمود الأيسر:

Match between each statement on the right and its corresponding one on the left:

السَّلامُ عَلَيْكَ .	مَعَ السَّلامَة !
أَنَا آدَمُ ، مَا اسْمُكَ ؟	أَنَا سَعِيدٌ بِالتَّعَرُّفِ عَلَيْكَ يَا جَارِي !
أَهْلاً وَسَهْلاً !	عُمْرِي سَبْعُ سَنَوَاتٍ .
كَمْ عُمْرُكَ ؟	أَهْلاً بِكَ وَمَرْحَبًا !
وَأَنَا أَيْضًا عُمْرِي سَبْعُ سَنَوات .	اسْمِي يُوسُف . أَنَا جَارُكُمُ الْجَدِيدُ .
وَأَنَا أَسْعَد ، إِلَى اللِّقَاء !	وَعَلَيْكَ السَّلام .

تدريب ٢ : ترتيب الكلمات لتكوين جمل مفيدة وكتابتها :

Unscramble the following sets of words to make from each a full meaningful sentence; then write the sentence on the dotted line:

١ - آدم / أمامَ / ويوسفُ / تقابل / آدمُ / بيتِ ←

....

٢ - آدمُ / يوسف / سلَّمَ / على ←

....

٣ - يوسفَ / عن / سألَ / عمرهِ / آدمُ ←

....

٤ - سنواتٍ / أيضًا / عمرهُ / سبعُ / آدم ←

....

٥ - جارهِ / سعيدٌ / يوسفُ / على / بالتّعرُّفِ ←

....

٦ - مريمُ / أنتِ / هل ؟ ←

....؟

تدريب ٣ : أكتبوا الكلمة المناسبة في الفراغ :

From among those inside the shaded box, write down the appropriate word in the blank:

سعيدٌ
هِيَ
عُمري
لكِ
قبلَ
أنتَ
كم

١ - هل .... يوسف؟

٢ - أنا جار .... الجديدُ .

٣ - كم عمر .... يا مريم؟

٤ - .... سبعُ سنواتٍ .

٥ - أنا .... بِالتّعرُّفِ عليكَ !

٦ - هل .... جارتكِ ؟

٧ - السّلام .... الكلام .

* * *

تدريب ٤ : (إملاء من الدرس السادس من كتاب التلميذ) :

(Dictation) Listen carefully! And then write down on the numbered spaces what your teacher dictates to you, and provide the right *Tanween* sign at the end:

من كتاب التلميذ

١ - .... ٢ - .... ٣ - ....

٤ - .... ٥ - .... ٦ - ....

٧ - .... ٨ - .... ٩ - ....

تدريب ٥ : أجيبوا شفويًّا عن الأسئلة والتحيات وعبارات المجاملة التالية :

Answer verbally the following questions, greetings or courtesy expressions:

١- السّلامُ عليكم !　　٢- كيف الحال ؟

٣- مرحبًا !　　٤- صباحَ الخير!

٥- مساءَ الخير !　　٦- شُكرًا !

٧- ما اسمُكِ؟　　٨- كم عُمرِكِ ؟

* * *

تدريب ٦ : تسلية مع لعبة البحث عن كلمات تعرفونها :

Fun with word search! Horizontally, vertically or diagonally:

ب	ج	ت	ذ	س	أ	ل	ر	ش	أ
ص	ي	ف	ك	ع	م	ر	ي	ن	م
غ	ظ	ت	ذ	ي	ح	ث	و	هـ	ا
ر	ش	ص	ك	د	ل	ق	س	ض	م
ت	ق	ا	ب	ل	ث	ج	ن	ب	د
ذ	خ	ل	س	ط	ك	ي	و	ق	ع
ظ	ع	ج	ف	م	غ	ج	ا	ر	ي
ق	س	د	ض	ل	ي	ب	ت	أ	ن
ا	و	ي	م	ن	ق	ل	ب	ك	ع
ل	ر	د	س	ز	أ	ي	ضً	ا	م

بيت / سأل / أمام / سعيد / عمري / سبع / قال / سنوات / كم / جاري /
الجديد / تقابل / اسمي / أيضًا

المحور: التحيّات وعبارات المجاملة : الوحدة ٢

تدريب ١ : التناسب بين عبارات العمود الأيمن والعمود الأيسر:

Match between each statement on the right and its corresponding one on the left:

صَباحَ الْخَيْرِ يا عَمُّ !

كَيْفَ حالُكَ الْيَوْمَ ؟

وَأَنْتِ ، كَيْفَ حالُكِ ؟

مِنْ فَضْلِكَ ! أُرِيدُ زُجاجَةَ ماءٍ بارِدٍ .

شُكْرًا جزيلاً ! تَفضَّلْ هَذا دُولار !

إِذَنْ ، أَعْطِني قطْعَةَ شُوكُولاَتَة بِالْباقِي !

أَنْتِ جائِعَةٌ الآنَ ! تَفضَّلي الشُّوكُولاتَة !

عَفْوًا ! اَلثَّمَنُ نِصْفُ دُولاَر .

صَباحَ النُّورِ يا نُورا !

أَنا طَيِّبَة ، الْحَمْدُ لِلّهِ !

أَنْتِ عَطْشانَة ، تَفضَّلِي هَذِهِ زُجاجَةُ الْماءِ !

بِخَيْر ، الْحَمْدُ لِلّهِ !

تدريب ٢ : ترتيب الكلمات لتكوين جمل مفيدة وكتابتها :

Unscramble the following sets of words to make from each a full meaningful sentence, then write the sentence on the dotted line:

١- فِي / نورا / كانتْ / الحديقةِ / تلعبُ ←

....

٢- وذهبت / بالعطش / إلى / الحيِّ / شعرت / دُكان ←

....

٣- باردٍ / نورا / ماءٍ / طلبت / زُجاجة ←

....

٤- جزيلا / نورا / قالت / شُكرًا ←

....

٥- الزجاجة / دولار / كان / ثمن / نِصفَ ←

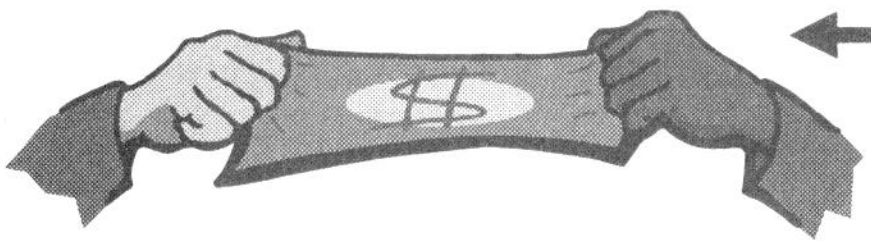

....

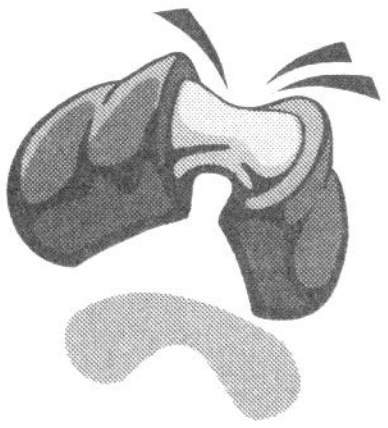

٦- شوكولاتة / نورا / قطعة / اِشترت ←

....

تدريب ٣ : أكتبوا الكلمة المناسبة في الفراغ :

From among those inside the shaded box, write down the appropriate word in the blank:

فضلكَ
ثمن
جزيلا
ذهبت
الخير
حالكِ
بالعطش
ماء

١- صباح .... يا عَمُّ!

٢- شعرت نورا ....

٣- .... نورا إلى دُكان الحيّ .

٤- من .... أريدُ زجاجة ....!

٥- .... الشوكولاتة نصف دولار .

٦- كيف .... اليوم؟

٧- شكرًا ....!

* * *

تدريب ٤ : (إملاء من الدرس السادس من كتاب التلميذ) :

(Dictation) Listen carefully! And then write down on the numbered spaces what your teacher dictates to you, and provide the right vowel signs at the end:

من كتاب التلميذ

١- .... ٢- .... ٣- ....

٤- .... ٥- .... ٦- ....

٧- .... ٨- .... ٩- ....

تدريب ٥ : أجيبوا شفويًّا عن الأسئلة والتحيات وعبارات المجاملة التالية :

Answer verbally the following questions, greetings or courtesy expressions:

١- صباحَ الخير !　　　٢- كيف حالكَ (حالكِ) ؟

٣- من فضلِكَ (فَضلِكِ) أريدُ زجاجة ماء بارد !

٤- كم ثمن زجاجة الماء ؟

٥- كم ثمن قطعة الشوكولاتة !　　٦- شكرًا جزيلا !

* * *

تدريب ٦ : تسلية مع لعبة البحث عن كلمات تعرفونها :

Fun with word search! Horizontally, vertically or diagonally:

أ	ج	ت	ذ	هـ	ب	ت	ق	ش	ص
ص	ر	ف	ك	ع	م	ر	ط	ن	ب
غ	ظ	ي	ذ	ي	ط	ث	ع	هـ	ا
ر	ش	ص	د	د	ل	ق	ة	ض	ح
ن	ص	ف	كّ	ل	ب	ش	ن	ب	د
ذ	خ	ل	ا	ط	ت	ع	ك	ق	ع
ظ	ع	ج	ن	م	غ	ر	ا	ر	ي
ث	س	د	ض	ل	ا	ت	ت	أ	ا
ا	م	ك	ي	ف	ق	ء	ب	ك	ع
ل	ر	ن	س	ز	ج	ا	ج	ـة	م

أريد / ذهبت / قطعة / دكان / شكرا / ماء / نصف / شعرت / ثمن / طلبت / زجاجة / كيف

المحور: الأسرة والبيت : الوحدة ٣

تدريب ١ : التناسب بين عبارات العمود الأيمن والعمود الأيسر:

Match between each statement on the right and its corresponding one on the left:

هَذِه صُورَةٌ ظَرِيفَةٌ !
مَنْ رَسَمَهَا ؟

اِسْمُهُ سَامِي ، وَهُوَ
طَبِيبُ أَطْفَالٍ .

هُوَ رَسَّامٌ مَاهِرٌ ،
كَمْ عُمْرُهُ ؟

أَخِي الأَصْغَرُ آدم .

ثَمَانِي سَنَوَات ، وَهُوَ
فِي الصَّفِّ الثَّانِي .

هَذَا وَالِدُكَ طَبْعًا ،
مَا اسْمُهُ ؟

وَأُمُّكِ ، مَا اسْمُهَا ؟
وَمَاذَا تَعْمَلُ ؟

وَأُخْتُ الرَّسَّامِ الْمَاهِرِ آدم ،
وَصَدِيقَتُكِ الْعَزِيزَةُ ...
هَا ... هَا ... هَا !

وَأَنْتِ مُنَى ، صَدِيقَتِي ،
وَبِنْتُ سَامِي وَمَرْيَمُ !

اِسْمُهَا مَرْيَمُ ، وَهِيَ مُعَلِّمَةٌ
فِي مَدْرَسَةٍ إِبْتِدَائِيَّةٍ .

تدريب ٢ : ترتيب الكلمات لتكوين جمل مفيدة وكتابتها :

Unscramble the following sets of words to make from each a full meaningful sentence, then write the sentence on the dotted line:

١ - فِي / الثانِي / أنا / الصَّفِّ / تِلميذ ←

....

٢ - طبيبُ / سامي / أبي / أطفال / و هو / اسمه ←

....

٣ - في / إبْتدائيّة / أمي / طلبت / معلمة / مدرسة ←

....

٤ - أسرتي / هذه / صورة ←

....

٥ - سعيدة / نحن / أسرة ←

....

٦ - وأختي / أمّي / أنا / وأبي / أحبُّ ←

....

تدريب ٣ : أكتبوا الكلمة المناسبة في الفراغ :

From among those inside the shaded box, write down the appropriate word in the blank:

أسرتي
معلمة
طبيب
سعيدة
تلميذ
عُمري
ماهر

١ - أنا .... في الصَّفِّ الثاني .

٢ - .... ثماني سنواتٍ .

٣ - أمّي .... في مدرسةٍ إبتدائيّةٍ .

٤ - هذه صورة ....

٥ - أخي رسّام ....

٦ - أبي سامي .... أطفال .

٧ - نحن أسرة ....

* * *

تدريب ٤ : (إملاء من الدرس السادس من كتاب التلميذ) :

(Dictation) Listen carefully! And then write down on the numbered spaces what your teacher dictates to you, and provide the right vowel signs at the end:

من كتاب التلميذ

١ - .... ٢ - .... ٣ - ....

٤ - .... ٥ - .... ٦ - ....

٧ - .... ٨ - .... ٩ - ....

تدريب ٥ : أجيبوا شفويًّا عن الأسئلة والتحيات وعبارات المجاملة التالية :

Answer verbally the following questions, greetings or courtesy expressions:

١- ما اسمُكَ (اسمُكِ) !

٢- ما اسمُ أبيكَ (أبيكِ) ؟

٣- ما اسمُ أمّكَ (أمّكِ) !

٤- كم عُمركَ (عُمركِ) ؟

٥- في أيِّ صفٍّ أنتَ (أنتِ) ؟

* * *

تدريب ٦ : تسلية مع لعبة البحث عن كلمات تعرفونها :

Fun with word search! Horizontally, vertically or diagonally:

أ	ج	ت	ب	هـ	ت	ل	م	ي	ذ
س	ص	ف	ك	ن	م	ر	ا	ن	ب
ر	ظ	غ	ذ	ي	ت	ث	هـ	هـ	ا
ة	س	م	ر	د	م	د	ر	س	ـة
ن	ن	ع	كّ	ل	ب	ش	ن	ب	د
أ	و	ل	ا	ط	ث	م	ا	ن	ي
ح	ا	م	ن	م	ت	ر	ا	ر	ي
بّ	ت	ـة	ض	ح	ا	ع	ت	أ	أ
ا	م	ك	ي	ف	ن	ء	م	ك	خ
ط	ب	ي	ب	ز	ج	ا	ج	ل	ت

أصغر / تلميذ / ماهر / مدرسة / نحن / معلمة / ثماني / تعمل / طبيب / أسرة / أخت / بنت / سنوات / أحبّ

المحور : الأسرة والبيت : الوحدة ٤

تدريب ١ : التناسب بين عبارات العمود الأيمن والعمود الأيسر:

Match between each statement on the right and its corresponding one on the left:

أَيْنَ تَسْكُنُ يَا عُمَرُ ؟

هَلْ تَحْضُرُ إِلَى الْمَدْرَسَةِ بِالْحَافِلَةِ أَمِ السَّيَّارَةِ ؟

هَذَا الشَّارِعُ قَرِيبٌ مِنَ الْمَدْرَسَةِ .

فِي شَارِعِ السَّلَامِ .

أَنَا أَسْكُنُ فِي شَارِعِ الْبُحَيْرَةِ ، وَهُوَ بَعِيدٌ مِنَ الْمَدْرَسَةِ .

هَلْ تَسْكُنُ فِي بَيْتٍ أَمْ فِي شَقَّةٍ ؟

أَرْكَبُ حَافِلَةَ الْمَدْرَسَةِ .

أَنَا أَسْكُنُ فِي شَقَّةٍ مِنْ غُرْفَتَيْنِ مَعَ أُمِّي وَأَبِي .

أَسْكُنُ فِي بَيْتٍ كَبِيرٍ مَعَ أُمِّي وَأَبِي وَأَخِي وَأُخْتِي .

نَعَمْ ، أَحْيَانًا أَحْضُرُ إِلَى الْمَدْرَسَةِ مَاشِيًا .

تدريب ٢ : ترتيب الكلمات لتكوين جمل مفيدة وكتابتها :

Unscramble the following sets of words to make from each a full meaningful sentence, then write the sentence on the dotted line:

١- بيتنا / الخارج / صورة / من / هذه ←

....

٢- على / صغيرة / بيتنا / يقع / شاطئ / بحيرة ←

....

٣- أشجار / به / من / جانب / وتحيط / كثيرة / كلّ ←

....

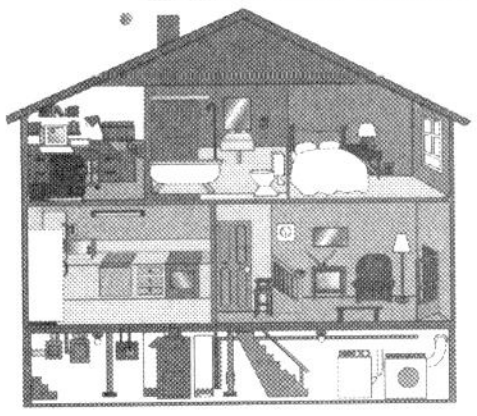

٤- من / البيت / طابقين / يتكوّن ←

....

٥- الثاني / من / للنّوم / يتكوّن / غرف / الطابق / ثلاث ←

....

٦- أختي / في / وتنام / صغيرة / غرفة ←

....

تدريب ٣ : أكتبوا الكلمة المناسبة في الفراغ :

From among those inside the shaded box, write down the appropriate word in the blank:

شارع
يتكوّن
تسكن
تحيط
غرفة
شاطئ
ضاحية

١ـ يقع بيتنا على .... بُحيرة صغيرة .

٢ـ .... به أشجار كثيرة من كل جانب .

٣ـ........................ البيتُ من طابقين .

٤ـ يقع بيتنا في .... قريبة من المدينة .

٥ـ أين .... يا عُمر ؟

٦ـ أسكن في .... البُحيرةِ .

٧ـ أنام مع أخي في .... واحدة .

* * *

تدريب ٤ : (إملاء من الدرس السادس من كتاب التلميذ) :

(Dictation) Listen carefully! And then write down on the numbered spaces the short sentences your teacher dictates to you, and provide the complete vowel signs:

من كتاب التلميذ

١ـ ....   ٢ـ ....

٣ـ ....   ٤ـ ....

٥ـ ....   ٥ـ ....

تدريب ٥ : (تصريف الأفعال مع المتكلم المفرد والمتكلم الجمع) :

(Verb Conjugation) Change the conjugation of the verbs from first person singular to first person plural and vice versa, as in the given examples:

أنا أَكْتُبُ . ← نَحْنُ نَكْتُبُ . | أنا أَقْرَأُ . ← نَحْنُ نَقْرَأُ .

أَنَا أَدْرُسُ .	نَحْنُ ....
أَنَا	نَحْنُ نَلْعَبُ .
أَنَا أَسْبَحُ .	نَحْنُ ....
أَنَا	نَحْنُ نَرْسُمُ .
أَنَا أَبْتَسِمُ .	نَحْنُ ....
أَنَا	نَحْنُ نَذْهَبُ .
أَنَا أَسْكُنُ .	نَحْنُ ....
أَنَا	نَحْنُ نَنَامُ .
أَنَا أَقُولُ .	نَحْنُ ....
أَنَا	نَحْنُ نَفْتَحُ .
أَنَا أَجْرِي .	نَحْنُ ....
أَنَا	نَحْنُ نَسْمَعُ .

تدريب ٦ : أجيبوا شفويًّا عن الأسئلة والتحيات وعبارات المجاملة التالية :

Answer verbally the following questions, greetings or courtesy expressions:

١ - ما هي أيّام الأسبوع ؟ ٢ - أين تسكن (تسكنين) ؟

٣ - هل تسكن (تسكنين) فِي بيت أم في شقة؟

٤ - كم غرفة للنوم في بيتكَ (بيتكِ) ؟

٥ - هل تحضر (تحضرين) إلى المدرسة بالحافلة؟

* * *

تدريب ٧ : تسلية مع لعبة البحث عن كلمات تعرفونها :

Fun with word search! Horizontally, vertically or diagonally:

خ	ا	ر	ج	هـ	ت	أ	م	ي	ذ
ن	ص	ف	ا	ن	ل	ر	ح	ن	ب
ر	ع	غ	ن	ي	م	ث	هـ	ض	أ
ة	س	م	ب	د	ا	د	ر	س	ر
ن	ب	ع	كّ	ح	ش	ش	ق	ـة	ك
أ	س	ك	ن	مّ	ي	ا	ا	ن	ب
ع	ل	م	ن	ا	ا	ر	س	ط	ي
ي	ت	ـة	ض	م	ق	ع	ة	أ	أ
ش	م	غ	ر	ف	ـة	م	ط	ب	خ
ض	ا	ح	ي	ـة	ج	ا	ج	ق	ت

خارج / جانب / أحضر / أسكن / أركب / أعيش / بحيرة / شارع / حمّام / شقة / ضاحية / طابق / غرفة / ماشيا / مطبخ / نعم

المحور : الأسرة والبيت : الوحدة ٥

تدريب ١ : التناسب بين عبارات العمود الأيمن والعمود الأيسر:

Match between each statement on the right and its corresponding one on the left:

هَلو ! مَسَاءَ النُّورِ يَا جَدِّي .

نَعَمْ ، رَجَعَ قَبْلَ قَلِيلٍ .

لَيْسَ بَعْدُ ، أُمِّي تُحَضِّرُ مَائِدَةَ الْعَشَاءِ الآنَ .

لِمَاذَا لاَ تَحْضُرَانِ لِتَنَاوُلِ وَجْبَةِ الْعَشَاءِ مَعَنَا ؟

إِذَنْ نَنْتَظِرُكُمْ عَلَى وَقْتِ الشَّايِ والْكَعْك .

نَعَمْ ، وَسَتُحِبُّ مَا أُحَضِّرُهُ كَثِيرًا ، إِلَى اللِّقَاءِ بَعْدَ قَلِيلٍ !

نَحْنُ أَكَلْنَا وَجْبَةَ الْعَشَاءِ قَبْلَ قَلِيلٍ .

هَلْ سَتُحَضِّرِينَ الشَّايَ وَالْكَعْكَ يَا عَزِيزَتِي ؟

هَلْ رَجَعَ أَبُوكِ مِنَ الْعَمَلِ ؟

هَلْ تَنَاوَلْتُمْ طَعَامَ الْعَشَاءِ ؟

إِلَى اللِّقَاءِ يَا عَزِيزَتِي !

حَسَنًا ! سَأَحْضُرُ مَعَ جَدَّتِكِ لِنَشْرَبَ الشَّايَ مَعَكُمْ .

تدريب ٢ : ترتيب الكلمات لتكوين جمل مفيدة وكتابتها :

Unscramble the following sets of words to make from each a full meaningful sentence, then write the sentence on the dotted line:

١- هي / أسرتنا / الشّاي / أوقات / أحلى / ساعة ←

....

٢- حول / العشاء / أسرتنا / مائدة / تجتمع ←

....

٣- وجبة / للأسرة / هي / الرّئيسية / الوجبة / العشاء ←

....

٤- جميعًا / غرفة / في / نجلس / الجلوس ←

....

٥- ونأكل / الشاي / الكعك / نشرب / الحلوى / أو ←

....

٦- الأوقات / جميعًا / ونقضي / أحلى ←

....

تدريب ٣ : أكتبوا الكلمة المناسبة في الفراغ :

From among those inside the shaded box, write down the appropriate word in the blank:

الحلوى
رجع
نتحدَّث
أحلى
مائدة
يحضِّر
نجلس

١- تجتمع أسرتنا حول .... العشاء .

٢- .... أحد أفراد الأسرة الشاي .

٣-.................... جميعًا في غرفة الجلوس .

٤- نأكل الكعك أو البسكويت أو ....

٥-.................... أوقات أسرتنا هي ساعة الشاي .

٦- .... عمَّا حدث خلال اليوم .

٧- هل .... أبوك من العمل ؟ .

* * *

تدريب ٤ : (إملاء من الدرس السادس من كتاب التلميذ) :

(Dictation) Listen carefully! And then write down on the numbered spaces the short sentences your teacher dictates to you, and provide the complete vowel signs:

من كتاب التلميذ

١- .... ٢- ....

٣- .... ٤- ....

٥- .... ٦- ....

تدريب ٥ : (تصريف الأفعال مع المخاطب المذكر والمؤنث) :

(Verb Conjugation) Change the conjugation of the verbs from 2nd person masculine to 2nd person feminine and vice versa, as in the given examples:

أَنْتَ تَدْرُسُ . ← أَنْتِ تَدْرُسِينَ . | أَنْتِ تَكْتُبِينَ . ← أَنْتَ تَكْتُبُ .

أَنْتَ تَعُودُ .	أَنْتِ ....
أَنْتَ	أَنْتِ تَذْهَبِينَ .
أَنْتَ تُحَضِّرُ .	أَنْتِ ....
أَنْتَ	أَنْتِ تَجْلِسِينَ .
أَنْتَ تُقَدِّمُ .	أَنْتِ ....
أَنْتَ	أَنْتِ تَأْكُلِينَ .
أَنْتَ تَتَحَدَّثُ .	أَنْتِ ....
أَنْتَ	أَنْتِ تَشْرَبِينَ .
أَنْتَ تَشْعُرُ .	أَنْتِ ....
أَنْتَ	أَنْتِ تَسْمَعِينَ .
أَنْتَ تَسْبَحُ .	أَنْتِ ....
أَنْتَ	أَنْتِ تُرِيدِينَ .

تدريب ٦ : أجيبوا شفويًّا عن الأسئلة والتحيات وعبارات المجاملة التالية :

Answer verbally the following questions, greetings or courtesy expressions:

١- ما هي أحلى أوقات أسرتكِ ؟

٢- هل تحِبُّ (تحبِّينَ) الشاي ؟

٣- ماذا تشربُ (تشربِينَ) بعد العشاء ؟

٤- ماذا تأكلُ (تأكلين) بعد العشاءِ ؟

* * *

تدريب ٧ : تسلية مع لعبة البحث عن كلمات تعرفونها :

Fun with word search! Horizontally, vertically or diagonally:

ز	أ	و	ق	ا	ت	أ	م	ي	ذ
ي	ح	ف	ا	و	ل	ر	ح	ن	ب
ا	و	د	ن	ي	ق	ث	ل	ل	أ
ر	ج	م	ث	د	ا	ت	و	س	ى
ة	ب	ع	ش	ا	ء	ش	ى	ـة	ق
أ	ـة	ك	ن	مّ	ي	س	ا	ن	ل
ف	ح	م	ن	ن	ج	ل	س	ط	ي
ر	ت	د	ض	م	ق	ع	ة	أ	ل
ا	م	ح	ل	ي	ل	ـة	ط	ب	خ
د	ا	ح	بّ	ـة	ج	ا	ج	دّ	ة

أحلى / زيارة / أوقات / حلوى / أحد / جدّة / نجلس / وجبة / تحبّ / وقت / ليلة / حدث

المحور : المدرسة والدراسة : الوحدة ٦

تدريب ١ : التناسب بين عبارات العمود الأيمن والعمود الأيسر:

Match between each statement on the right and its corresponding one on the left:

صَبَاحَ الْخَيْرِ ! أَنَا هُدَى .

أَنَا فِي الصَّفِّ الثَّانِي .

أَيْنَ تَذْهَبِينَ ؟

هَذَا أَوَّلُ يَوْمٍ لِي فِي هَذِهِ الْمَدْرَسَةِ .

أَذْهَبُ إِلَى مَدْرَسَةِ السَّلامِ أَيْضًا .

أَنَا سَعِيدَةٌ جِدًّا ! أَنْتِ إِذَنْ زَمِيلَتِي وَجَارَتِي .

أَنَا دَرَسْتُ فِيهَا فِي الصَّفِّ الأَوَّلِ .

صَبَاحَ النُّورِ . أَنَا مُنَى .

نَحْنُ إِذَنْ فِي نَفْسِ الصَّفِّ .

أَذْهَبُ إِلَى مَدْرَسَةِ السَّلامِ ، وَأَنْتِ ؟

تدريب ٢ : ترتيب الكلمات لتكوين جمل مفيدة وكتابتها :

Unscramble the following sets of words to make from each a full meaningful sentence, then write the sentence on the dotted line:

١- في / الثاني / الصّفّ / تلميذة / أنا ←

....

٢- وهي / بيتي / كبيرة / من / قريبة / مدرستي ←

....

٣- والتلميذات / كثير / في / من / مدرستي / التلاميذ ←

....

٤- في / إلى / ماشية / الصّباح / المدرسة / أذهب ←

....

٥- إلى / أيضًا / السَّلام / أذهب / مدرسة ←

....

٦- كثيرًا /أحبُّ / مدرستي / أنا ←

....

تدريب <u>٣</u> : أكتبوا الكلمة المناسبة في الفراغ :

From among those inside the shaded box, write down the appropriate word in the blank:

- أوّل
- أحِبُّ
- المعلمات
- اِجلسوا
- أنتم
- تلاميذ
- أنشدي

١ - .... في مقاعدكم !

٢ - نحن .... في هذه المدرسة .

٣ - .... نشيدك يا هدى !

٤ - .... مدرستي كثيرًا.

٥ - هذا .... يوم لي في هذه المدرسة .

٦ - هل .... معلمون في هذه المدرسة؟

٧ - أحبُّ المعلمين و ....

* * *

تدريب <u>٤</u> : (إملاء من الدرس السادس من كتاب التلميذ) :

(Dictation) Listen carefully! And then write down on the numbered spaces the short sentences your teacher dictates to you, and provide the complete <u>vowel signs</u>:

من كتاب التلميذ

١ - ....   ٢ - ....

٣ - ....   ٤ - ....

٥ - ....   ٦ - ....

تدريب ٥ : (تصريف أفعال الأمر مع المفرد المذكر والمؤنث والجمع) :

(Verb Conjugation) Fill in the spaces the right conjugation of the command verbs for masculine singular, feminine singular and plural, as in the given examples:

أُكْتُبْ دَرْسَكَ ! ← أُكْتُبي دَرْسَكِ ! ← أُكْتُبوا دُروسَكُمْ !

ارْفَعْ يَدَكَ !	.... يَدَكِ !	.... أَيْدِيَكُمْ !
.... جَيِّدًا !	اسْمَعي جَيِّدًا !	.... جَيِّدًا !
.... في مَقْعَدِكَ !	.... في مَقْعَدِكِ !	اجْلِسُوا في مَقاعِدِكُم !
أَنْشِدْ نَشيدَكَ !	.... نَشيدَكِ !	.... نَشيدَكُمْ !
.... الْواجِبَ !	اعْمَلي الْواجِبَ !	.... الْواجِبَ !
.... الْعَصيرَ !	.... الْعَصيرَ !	اشْرَبُوا العَصيرَ !
أُدْرُسْ دَرْسَكَ !	.... دَرْسَكِ !	.... دُروسَكُم !
.... الدَّرْسَ !	اقْرَئي الدَّرْسَ !	.... الدَّرْسَ !
.... إِلَى الْخارِجِ !	.... إِلَى الْخارِجِ !	اذْهَبُوا إِلَى الْخارِجِ !
أُحْضُرْ هُنا !	.... هُنا !	.... هُنا !

تدريب ٦ : أجيبوا شفويًّا عن الأسئلة التالية :

Answer verbally the following questions:

١ - ما اسمُ مدرستِكَ (مدرستِكِ) ؟

٢ - في أيِّ صَفٍّ أنتَ (أنتِ) ؟

٣ - هل مدرستكِ قريبة من بيتِكَ ؟

٤ - هل تذهب (تذهبين) إلى المدرسة ماشيًا (ماشِية) ؟

* * *

تدريب ٧ : تسلية مع لعبة البحث عن كلمات تعرفونها :

Fun with word search! Horizontally, vertically or diagonally:

ذ	ي	م	أ	ت	ـة	ف	ي	ظ	ن
ب	ن	ح	ذ	ل	ق	ا	ف	ح	ي
أ	ح	ل	هـ	م	ر	ن	د	و	ا
ن	ن	و	ب	ا	ي	ث	م	ج	هـ
ت	ـة	ى	ش	ش	ب	ش	دًّ	م	ة
م	ز	س	م	ي	ـة	ا	ك	ـة	أ
ي	م	ع	ل	ـة	ن	ن	م	ع	ف
ل	ي	ي	ع	ق	م	ض	و	ت	ن
خ	ل	د	ت	س	ر	د	ح	م	ف
ة	ـة	ة	ر	ي	ب	ك	ح	ا	س

أعود / نفس / درست / نظيفة / قريبة / ماشية / سعيدة / يوم / نحن / هم / أنتم / زميلة / جدًّا

المحور : المدرسة والدراسة : الوحدة ٧

تدريب ١ : التناسب بين عبارات العمود الأيمن والعمود الأيسر :

Match between each statement on the right and its corresponding one on the left:

السَّلامُ عَلَيْكُمْ يَا بَابا !	رَاجَعْنَا مَوْضُوعَ الْجَمْعِ ، وَتَعَلَّمْنَا مَوْضُوعَ الطَّرْحِ .
مَاذَا تَعَلَّمْتَ الْيَوْمَ يَا بُنَيَّ ؟	وَعَلَيْكُمُ السَّلامُ يَا عَزِيزِي !
وَمَاذَا تَعَلَّمْتَ بِالإِنْجليزِيَّةِ ؟	فِي الْعَرَبِيَّةِ قَرَأْنَا دَرْسًا عَنِ الْمَدْرَسَةِ وَنَشِيدًا .
وَمَاذَا دَرَسْتَ فِي الْحِسَابِ ؟	قَرَأْنَا وَكَتَبْنَا دَرْسًا جَدِيدًا .
وَمَاذَا تَعَلَّمْتَ فِي الْعُلُومِ ؟	لَعِبْنَا كُرَةَ الْقَدَمِ ، وَفَازَ فَرِيقُنَا .
وَمَاذَا عَنِ الرِّيَاضَةِ ؟	قَرَأْنَا وَكَتَبْنَا دَرْسًا جَدِيدًا .
مَبْرُوكٌ أَيُّهَا اللاَّعِبُ الْمَاهِرُ !	تَعَلَّمْنَا عَنِ الْعَيْنِ ، وَكَيْفَ نَرَى بِهَا .

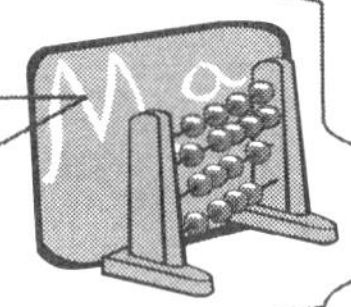

تدريب ٢ : ترتيب الكلمات لتكوين جمل مفيدة وكتابتها :

Unscramble the following sets of words to make from each a full meaningful sentence, then write the sentence on the dotted line:

١- في / إلى / الأسبوع / المدرسة / خمسة / أذهب / أيَّام ←

....

٢- من / الحافلة / المدرسةِ / وإلى / أركب ←

....

٣- إلى / المدرسة / لأتعلم / أذهب ←

....

٤- والعربيّة / القراءة / أتعلم / والكتابة / بالإنجليزية ←

....

٥- متنوّعة / في / نشاطات / نمارس / مدرستنا ←

....

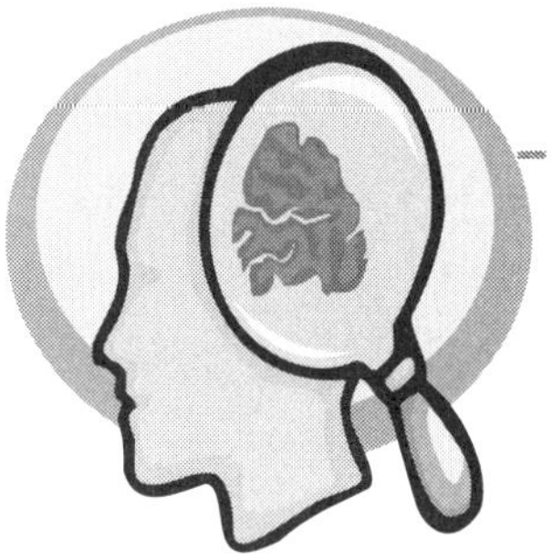

٦- في /السّليمُ / الجسم / العقل / السَّلِيم ←

....

تدريب ٣ : أكتبوا الكلمة المناسبة في الفراغ :

From among those inside the shaded box, write down the appropriate word in the blank:

العلوم
فاز
السَّبت
جميل
جواب
الرياضة
الحساب

١- لا أذهب إلى المدرسة .... والأحد .

٢- في درس .... تعلمنا الجمع والطرح .

٣- في درس .... لعبنا كرة القدم .

٤- تعلمنا عن العين في درس ....

٥- لعبنا كرة القدم و................ فريقنا .

٦- إنَّ الله .... يُحبُّ الجمال .

٧- لكل سؤال ....

* * *

تدريب ٤ : (إملاء من الدرس السادس من كتاب التلميذ) :

(Dictation) Listen carefully! And then write down on the numbered spaces the short sentences your teacher dictates to you, and provide the complete vowel signs:

من كتاب التلميذ

١- ....   ٢- ....

٣- ....   ٤- ....

٥- ....   ٦- ....

تدريب ٥ : (تصريف الفعل المضارع المرفوع مع المتكلم المفرد والجمع) :

(Verb Conjugation) Change the conjugation of the verbs from 1st person singular to 1st person plural and vice versa, as in the given examples:

أَنَا أَذْهَبُ. ← نَحْنُ نَذْهَبُ . | أَنا أَكْتُبُ . → نَحْنُ نَكْتُبُ .

أَنَا أَرْكَبُ .	نَحْنُ ....
أَنَا	نَحْنُ نَتَعَلَّمُ .
أَنَا أُمارِسُ .	نَحْنُ ....
أَنَا	نَحْنُ نَقُولُ .
أَنَا أَفُوزُ .	نَحْنُ ....
أَنَا	نَحْنُ نَرَى .
أَنَا أَعُودُ .	نَحْنُ ....
أَنَا	نَحْنُ نُحِبُّ .
أَنَا أَشْعُرُ .	نَحْنُ ....
أَنَا	نَحْنُ نَسْمَعُ .
أَنَا أَدْرُسُ .	نَحْنُ ....
أَنَا	نَحْنُ نَقْرَأُ .

تدريب ٦ : أجيبوا شفويًّا عن الأسئلة والتحيات وعبارات المجاملة التالية :

Answer verbally the following questions:

١- ما هي أيّامُ الأسبوع ؟

٢- ما هي الأيام التي لا تذهب (تذهبين) فِيها إلى المدرسة؟

٣- ماذا تتعلم (تتعلمين) في المدرسة؟

٤- ما هي النّشاطات التي تمارسها (تمارسينها) في المدرسة؟

* * *

تدريب ٧ : تسلية مع لعبة البحث عن كلمات تعرفونها :

Fun with word search! Horizontally, vertically or diagonally:

ذ	ي	م	ك	و	ر	ب	م	ظ	ا
ا	ن	ث	ذ	ل	ق	ا	ف	ح	ل
ل	ح	ل	هـ	م	ر	ن	د	و	م
رّ	ن	ث	ب	ا	ي	ث	م	ج	و
س	ش	ى	م	ي	ق	ت	س	م	س
م	ا	س	م	ي	ـة	ا	ك	ـة	ي
ي	ط	ر	م	ـة	د	ي	ع	ب	ق
ل	بّ	ر	ش	ق	م	ض	ع	ت	ى
خ	بّ	د	ك	س	ل	ق	ع	ل	ا
ع	ـة	ة	ل	ي	ط	ت	س	م	س

شكل / مثلث / مربّع / مستطيل / مستقيم / الرّسم / الموسيقى / نشاط / مبروك / بعيد

المحور : المدرسة والدراسة : الوحدة ٨

تدريب ١ : التناسب بين عبارات العمود الأيمن والعمود الأيسر:

Match between each statement on the right and its corresponding one on the left:

العمود الأيمن	العمود الأيسر
اِفْتَحِ يَا سِمْسِم !	نَعَمْ ، عِنْدِي كِتَابٌ أَخْضَرُ .
اِفْتَحِ الْكِتَابَ !	نَعَمْ ، أُحِبُّ هَذَا الْكِتَابَ .
الْكِتَابَ الأَحْمَرَ .	مَا عِنْدِي كِتَابٌ أَحْمَرُ .
هَلْ عِنْدَكَ كِتَابٌ أَخْضَرُ ؟	مَاذَا أَفْتَحُ ؟
اِفْتَحِ الْكِتَابَ الأَخْضَرَ !	نَعَمْ ، أُحِبُّ لُغَتِي الْعَرَبِيَّةَ .
هَذَا كِتَابُ اللُّغَةِ الْعَرَبِيَّةِ .	شُكْرًا يَا مُعَلِّمَتِي !
وَهَلْ تُحِبُّ اللُّغَةَ الْعَرَبِيَّةَ ؟	أَيَّ كِتَابٍ ؟
أَحْسَنْتَ يَا سِمْسِم !	حَاضِر ، فَتَحْتُ الْكِتَابَ الأَخْضَرَ .

<u>تدريب ٢</u> : ترتيب الكلمات لتكوين جمل مفيدة وكتابتها :

Unscramble the following sets of words to make from each a full meaningful sentence, then write the sentence on the dotted line:

١- في /سمسم /الثاني /تلميذ / الصّفِّ ←

....

٢- الفصلَ / المعلمة/ في/العربية/دخلت/ درس /اللغة ←

....

٣- إنّه/ أخضر / سمسم/ عنده / قال / كتاب ←

....

٤- من / سُرَّت / سمسم / المعلمة / كلام ←

....

٥- سمسم / الأخضرَ / الكتابَ/ العربيّة / يُحِبُّ / واللغة ←

....

٦- إلى / العلم / اللحد / المهد / من / أطلب / ←

....

تدريب ٣ : أكتبوا الكلمة المناسبة في الفراغ :

From among those inside the shaded box, write down the appropriate word in the blank:

يُحبُّ
تؤجِّل
يفتحَ
الأخضر
تحبُّبًا
سُرَّت
عِندي

١ - سمير تلميذ يسمّونه "سمسم" ....

٢ - طلبت المعلمة منه أن .... الكتاب الأحمر.

٣ - قال سمسم : ما .... كتابٌ أحمرُ .

٤ - سمسم .... اللغة العربيّة .

٥ - .... المعلمة من كلام سمسم .

٦ - الكتاب .... هو كتاب اللغة العربيّة .

٧ - لا .... عمل اليوم إلى غد .

* * *

تدريب ٤ : (إملاء من الدرس السادس من كتاب التلميذ) :

(Dictation) Listen carefully! And then write down on the numbered spaces the short sentences your teacher dictates to you, and provide the complete vowel signs:

من كتاب التلميذ

١ - ....　　٢ - ....

٣ - ....　　٤ - ....

٥ - ....

تدريب ٥ : (تصريف الفعل المضارع المرفوع مع المتكلم المفرد والجمع) :

(Verb Conjugation) Change the conjugation of the verbs from masculine forms to feminine forms and vice versa, as in the given examples:

هُوَ يَذْهَبُ . ← هِيَ تَذْهَبُ .

المذكّر / Masculine	الْمُؤَنَّث / Feminine
أَنَا أَقْرَأُ .	أَنَا ....
أَنْتَ	أَنْتِ تَكْتُبِينَ .
هُوَ يَلْعَبُ .	هِيَ ....
نَحْنُ	نَحْنُ نَدْرُسُ .
أَنْتُمْ تَفْرَحُونَ .	أَنْتُنَّ ....
هُمْ	هُنَّ يَرْكُضْنَ .
أَنْتُمَا تَجْلِسَانِ .	أَنْتُمَا ....
هُمَا	هُمَا تَتَكَلَّمَانِ .
أَنْتَ تَقُولُ .	أَنْتِ ....
هُوَ	هِيَ تُحِبُّ .
أَنْتُمْ تَفْهَمُونَ .	أَنْتُنَّ ....

تدريب ٦: اختاروا الصفة المناسبة للفراغ من بين الصفتين بين القوسين في نهاية الجملة :

Select the appropriate adjective to fill in each space from those given in parenthesis at the end of the sentences. One is done as an example:

أُحِبُّ الْكِتَابَ الأَخْضَرَ. (الأَخْضَرَ / الْخَضْرَاءَ)

١– أُحِبُّ اللُّغَةَ .... (الْعَرَبِيَّ / الْعَرَبِيَّةَ)

٢– أَنْتِ لاَعِبَةٌ .... (مَاهِرٌ / مَاهِرَةٌ)

٣– هُوَ صَدِيقٌ .... (عَزِيزٌ / عَزِيزَةٌ)

٤– هَذِهِ غُرْفَةٌ .... (نَظِيفٌ / نَظِيفَةٌ)

٥– هُوَ جَارٌ .... (جَدِيدٌ / جَدِيدَةٌ)

٦– هَذِهِ مَدْرَسَةٌ .... (كَبِيرٌ / كَبِيرَةٌ)

٧– قَرَأْنَا دَرْسًا .... (جَدِيدًا / جَدِيدَةً)

٨– رَسَمْتُ دَائِرَةً .... (صَغِيرًا / صَغِيرَةً)

٩– هُوَ تِلْمِيذٌ .... (نَشِيطٌ / نَشِيطَةٌ)

١٠– هَلْ عِنْدَكَ سَيَّارَةٌ .... ؟ (أَحْمَرُ / حَمْرَاءُ)

تدريب ٧ : أجيبوا شفويًّا عن الأسئلة التالية :

Answer verbally the following questions:

١- في أيِّ صفٍّ سمير ؟

٢- ماذا يُسمُّونه تحبُّبًا ؟

٣- ماذا طلبت المعلمة من سمسم ؟

٤- ماذا يحبُّ سمسم ؟

٥- هل سُرَّت المعلمة من كلام سمسم ؟

* * *

تدريب ٧ : تسلية مع لعبة البحث عن كلمات تعرفونها :

Fun with word search! Horizontally, vertically or diagonally:

ا	ط	ل	ب	ت	و	ك	م	ي	د
ل	ح	ع	أ	ق	ل	ل	ث	ن	خ
ف	و	ن	ن	ط	م	ا	ل	ح	ل
ص	ج	د	ث	د	ل	م	ي	ن	ت
ل	م	ي	ت	ق	ك	ب	ى	ح	س
ي	ـة	ك	ا	ـة	أ	ح	س	ا	بّ
ق	ب	أ	ف	ت	ح	م	ا	ط	ي
ا	ت	ع	ض	م	س	ش	ر	ض	ل
ل	ل	غ	ت	ي	ن	ك	د	بّ	ر
ت	م	د	خ	ل	ت	س	م	س	م

أحسنت / حاضر / سمسم / أفتح / عندك / دخلت / طلبت / الفصل /
لغتي / عندي / أطلب

المحور : عالم الطعام والشّراب : الوحدة ٩

تدريب ١ : التناسب بين عبارات العمود الأيمن والعمود الأيسر:

Match between each statement on the right and its corresponding one on the left:

مَتى مَوْعِد الْغَداءِ يَا جَمالُ ؟	أَنْتَ عِنْدَكَ مُشْكِلَة ! الْغَدَاءُ السَّاعَةَ الثَّانِيَةَ عَشْرَةَ .
أَنَا جَائِعٌ جِدًّا .	نَعَمْ ، عَلَيْكَ بِالصَّبْرِ !
لاَ ، تَأَخَّرْتُ فِي النَّوْمِ ، وَوَصَلَ البَاصُ قَبْلَ أَنْ أُفْطِرَ .	نَحْنُ الآنَ فِي الصَّبَاحِ وَأَنْتَ تَسْأَلُ عَنِ الْغَدَاءِ !
يَا اللهُ ! بَعْدَ سَاعَتَيْنِ !	لاَ تَخْرُجْ مِنَ الْبَيْتِ دُونَ فُطُورٍ !
لاَ أَسْتَطِيعُ أَنْ أَصْبِرَ .	إِذَنْ ، تَكَلَّمْ مَعَ الْمُعَلِّمَةِ !
تَعَلَّمْتُ دَرْسًا .	أَمَا أَكَلْتَ وَجْبَةَ الْفُطُورِ ؟

تدريب ٢ : ترتيب الكلمات لتكوين جمل مفيدة وكتابتها :

Unscramble the following sets of words to make from each a full meaningful sentence, then write the sentence on the dotted line:

١- ضروريّان /والحيوان /والشراب /لِلإنسان / الطعام ←

....

٢- يجوع / الإنسان / أن /يحتاج / يأكل / عندما ←

....

٣- الإنسان / أن / عندما / يشرب / يحتاج / يعطش ←

....

٤- عادة / الإنسان / في / وجبات / اليوم / ثلاث / يأكل ←

....

٥- أن / من / يحتاج / كثيرًا / الصِّغار / يشربوا / الحليب ←

....

٦- أوسطها / الأمور / خير ←

....

تدريب ٣ : أكتبوا الكلمة المناسبة في الفراغ :

From among those inside the shaded box, write down the appropriate word in the blank:

المعدة
ضروريّان
جائع
عندنا
فطور
يحتاج
وجبات

١- لا تخرج من البيت دون ....

٢- يأكل الإنسان عادة ثلاث ....

٣- الطعام والشراب .... للإنسان .

٤- .... الصِّغار أن يشربوا الحليب .

٥- هُو .... جِدًّا لأنَّهُ ما أكل وجبة الغداء .

٦- .... طعام وشراب للغداء والعشاء .

٧- .... بيت الدَّاء .

* * *

تدريب ٤ : (إملاء من الدرس السادس من كتاب التلميذ) :

(Dictation) Listen carefully! And then write down on the numbered spaces the short sentences your teacher dictates to you, and provide the complete vowel signs:

من كتاب التلميذ

١- ....   ٢- ....

٣- ....   ٤- ....

٥- ....

تدريب ٥ : (كتابة ألفاظ العقود بالأحرف في الفراغ) :

Write in the dotted spaces the multiple-of-ten numerals in letter forms to correspong to the arithmetic symol given in the shaded column, as in the given example:

عِنْدِي عِشْرُونَ دُولارًا . (٢٠)

٣٠
٤٠
٥٠
٦٠
٧٠
٨٠
٩٠

١- عِنْدِي .... كِتَابًا .

٢- عِنْدَنَا .... وَرَقَةً .

٣- عِنْدَكَ .... قَلَمَ تَلْوِينٍ .

٤- هَلْ عِنْدَكُمْ .... لُعْبَةً ؟

٥- هَلْ عِنْدَكِ .... صَدِيقَةً ؟

٦- عِنْدَهُ فِي الْحَدِيقَةِ .... شَجَرَةً .

٧- عِنْدَهَا فِي الْمَزْرَعَةِ .... حِصَانًا .

* * *

تدريب ٦ : أجيبوا شفويًا عن الأسئلة التالية :

Answer verbally the following questions:

١- ماذا يحتاج الإنسان عندما يجوع؟

٢- ماذا يحتاج الإنسان عندما يعطش ؟

٣- ماذا يحتاج الصغار أن يشربوا لتقوية العظام؟

٤- كم وجبة يأكل الإنسان عادة ، وما هِيَ؟

* * *

تدريب ٧ : (صواب أو خطأ) :

Read each of the following sentences and say whether it is "True" or "False" using the Arabic words for true (**صواب**) or false (**خطأ**). If you say "False," then say what the true would be:

١- الطعام والشراب ضروريّان للإنسان.

٢- لا يحتاج الإنسان أن يأكل عندما يجوع.

٣- يحتاج الإنسان أن يشرب عندما يعطش.

٤- لا يحتاج الإنسان أن يأكل أصنافا مختلفة من الطعام.

٥- يحتاج الصغار أن يشربوا الحليب لتقوية العظام.

* * *

تدريب ٨ : تسلية مع لعبة البحث عن كلمات تعرفونها :

Fun with word search! Horizontally, vertically or diagonally:

د	ي	م	ك	و	ت	ـة	ب	ج	و
خ	ن	ش	ـه	ك	ا	و	ف	ا	ل
ض	ح	ك	ا	م	ط	ن	ن	ئـ	ف
ا	ن	ل	م	ل	ء	ا	ش	ع	ص
ر	ح	ـة	ب	ك	ق	ت	ي	م	خ
ع	ء	ا	د	غ	م	ن	ك	ب	ي
ص	ط	ا	م	و	ت	ف	ز	ش	ط
ي	ض	ر	ع	س	ط	ض	ر	ت	ع
ر	بّ	د	ك	و	ي	ا	غ	ل	ا
ي	ر	و	ر	ض	ب	خ	د	م	م

طعام / شراب / ضروري / عصير / خبز / وجبة / جائع / موعد / مشكلة
عشاء / غداء / فطور / فواكه / خضار

المحور : عالم الطعام والشّراب : الوحدة ١٠

تدريب ١ : التناسب بين عبارات العمود الأيمن والعمود الأيسر:

Match between each statement on the right and its corresponding one on the left:

مَساءَ الْخَيْرِ يا ماما !	سَيَجْهَزُ الطَّعامُ بَعْدَ رُبْعِ ساعَةٍ .
أَنا جائِعَةٌ كَثيرًا الْيَوْمَ .	لِماذا ؟ أَلَمْ تَأْكُلي طَعامَ الْغَداءِ فِي الْمَدْرَسَةِ ؟
لاَ ، ما أَكَلْتُ . ما أَعْجَبَنِي طَعامُ الْمَدْرَسَةِ الْيَوْمَ .	مَساءَ النُّورِ يا حَبيبي !
وَماذا طَبَخْتِ لَنا الْيَوْمَ؟	شُورَبَةُ الْخُضارِ ، وَلَحْمُ الدَّجاجِ الْمَشْوِي ، مَعَ الأَرُزِّ وَالْفاصُوليا الْخَضْراء .
هَذا طَعامٌ لَذيذٌ ؛ شُكْرًا لَكِ يا أُمِّي !	عَفْوًا ، لاَ شُكْرَ عَلَى واجِبٍ .

تدريب ٢ : ترتيب الكلمات لتكوين جمل مفيدة وكتابتها :

Unscramble the following sets of words to make from each a full meaningful sentence, then write the sentence on the dotted line:

١- لنا/يوم /تحضِّر /كلَّ / أمِّي / الفطورَ ←

....

٢- مختلفة / من / تحضِّر /الطعام / أمِّي / أصنافا ←

....

٣- في / تحضِّر / ومرَّة/ عربيًّا / الأسبوع / طعامًا / لنا ←

....

٤- المدرسة / طعام / أعجبني / اليوم / ما ←

....

٥- لذيذ / لكِ / هذا / يا/ طعام / أمي / شكرًا ←

....

٦- التَّأني / في / وفي / الندامة / السَّلامة / العجلة ←

....

تدريب ٣ : أكتبوا الكلمة المناسبة في الفراغ :

From among those inside the shaded box, write down the appropriate word in the blank:

مائدة
الشاي
الأصناف
سيجهز
أصنافا
تحَضِّر
الأسبوع

١- .... أمِّي لنا الفطور كلَّ يوم .

٢- تحضِّر أمِّي .... مختلفة من الطعام.

٣- تضع على .... الفطور الخبز والسيريال.

٤- ومرَّة في .... تحضِّر لنا فطورًا عربيًّا.

٥- نشرب .... مع الفطور العربيِّ .

٦- أحبُّ كل هذه .... من الطعام .

٧- .... الطعام بعد رُبع ساعة .

* * *

تدريب ٤ : (إملاء من الدرس السادس من كتاب التلميذ) :

(Dictation) Listen carefully! And then write down on the numbered spaces the short sentences your teacher dictates to you, and provide the complete vowel signs:

من كتاب التلميذ

١- .... ٢- ....

٣- .... ٤- ....

٥- ....

تدريب ٥: (التّعرّف على الفعل والفاعل والمفعول به) :

Each of the following sentences contains a verb, a subject and an object. Identify the verb by underling it one; identify the subject by underling it twice; identify the object by putting it in parenthesis, as in the given example:

تَرْكَبُ الْبِنْتُ الدَّرَّاجَةَ. ← تَرْكَبُ الْبِنْتُ (الدَّرَّاجَةَ).

١- يُنْشِدُ التَّلامِيذُ النَّشِيدَ .

٢- تُحَضِّرُ الأُمُّ الطَّعَامَ .

٣- يَقْرَأُ الْوَلَدُ الْكِتَابَ .

٤- تَكْتُبُ التِّلْمِيذَةُ الْوَاجِبَ .

٥- يَشْرَبُ الْوَلَدُ الْعَصِيرَ .

٦- يَشْرَحُ الْمُعَلِّمُ الدَّرْسَ .

٧- يَطْبُخُ الطَّبَّاخُ الطَّعَامَ .

٨- تَأْكُلُ الأُسْرَةُ الْعَشَاءَ .

٩- يُحِبُّ التَّلامِيذُ الْمَدْرَسَةَ .

* * *

تدريب ٦ : أجيبوا شفويًا عن الأسئلة التالية :

Answer verbally the following questions:

١- مَن تحضِّرُ لكَ (لكِ) الفُطورَ كلَّ يوم؟

٢- ما أصناف الطعام التي تضعها أمُّكَ (أمُّكِ) على مائدة الفطور ؟

٣- ما أصناف الطعام التي تحبُّها (تحبِّينها) على الفطور؟

٤- هل تحِبُّ (تحِبِّين) الفطور العربيَّ؟

٥- ماذا تشرب مع الفطور ؟

٦- مَن تحمد (تحمدين) على نعمة الطعام والشراب؟

٧- لماذا يحتاج الصغار أن يشربوا حليبًا وعصيرًا؟

* * *

تدريب ٧ : (صواب أو خطأ) :

Read each of the following sentences and say whether it is "True" or "False" using the Arabic words for true (**صواب**) or false (**خطأ**). If you say "False," then say what the true would be; follow the two given examples:

١- لا تحضِّر أمِّي لنا الفطور كلّ يوم .

٢- نأكل السيريال مع الحليب على الفطور .

٣- تحضِّر لنا أمِّي فطورًا عربيًّا مرَّة فِي الأسبوع.

٤- لا أشكر الله على نعمة الطعام والشراب.

٥- نتناول الفطور في الصَّباح قبل المدرسة.

<u>تدريب ٨</u> : تسلية مع لعبة البحث عن كلمات تعرفونها :

Fun with word search! Horizontally, vertically or diagonally:

أ	ح	بّ	ز	ت	و	أ	م	ي	د
ل	ا	ف	و	ي	ك	ص	ش	ن	خ
ف	ئـ	ن	ن	ط	ت	ن	ك	ك	ض
م	ا	ئـ	د	ة	ل	ا	ل	ب	ر
ر	م	ا	ت	ق	ك	ف	ـة	ي	ش
بّ	ب	ل	ن	م	غ	أ	ا	ض	ا
ى	ش	ج	ف	ع	و	م	ح	ط	ي
ع	ت	ب	ض	ط	س	ع	ر	م	ي
ا	ل	ن	ع	م	ـة	ل	د	بّ	د
م	م	ـة	خ	ب	ا	ل	ح	مّ	ص

أشكر / الجبنة / الحمّص / مائدة / أصناف / أحمد / نعمة /
أشكر / أحبّ / شاي / مربّى / عسل / زبدة / بيض / زيت

<u>نشاط تلوين</u> :

المحور : النَّشاطات والهوايات : الوحدة ١١

تدريب ١ : التناسب بين عبارات العمود الأيمن والعمود الأيسر:

Match between each statement on the right and its corresponding one on the left:

العمود الأيمن	العمود الأيسر
مَنْ أَنْتَ ؟	نَعَمْ ، أَنَا عِنْدِي مَرْكِب .
مَا هَذَا اللِّبَاسُ يَا سِنْدِبَاد ؟	مَرْكَبِي فِي الْبَحْرِ .
اَلْبَحَّارُ يَحْتَاجُ إِلَى مَرْكِب .	تَفَضَّلْ مَعِي ! بِكُلِّ سُرُور .
أَيْنَ مَرْكَبُكَ ؟	أَهْلاً وَمَرْحَبًا بِكَ !
أُرِيدُ أَنْ أَرْكَبَ مَعَكَ .	نَعَمْ ، نُبْحِرُ عَلَى بَرَكَةِ اللهِ .
شُكْرًا جَزِيلاً يَا صَدِيقِي الْبَحَّار !	هَذَا لِبَاسُ بَحَّار ؛ أَنَا بَحَّار .
هَيَّا نُبْحِر !	أَنَا سِنْدِبَاد .

تدريب ٢ : ترتيب الكلمات لتكوين جمل مفيدة وكتابتها :

Unscramble the following sets of words to make from each a full meaningful sentence, then write the sentence on the dotted line:

١ - مشهور / سندباد / أبو / بحَّار ⟵

....

٢ - أبيه / سندباد / أن / يريد / بحَّارًا / مثل / يصبحَ ⟵

....

٣ - ملابس / سندباد / ظريفة / بحَّار / يلبس ⟵

....

٤ - على / أبوه / المركب / قيادة / يدرِّبه ⟵

....

٥ - صغيرًا / له / اشترى / منظارًا / أبوهُ ⟵

....

٦ - الشِّبل / من / ذاك / هذا / الأسد ⟵

....

<u>تدريب ٣</u> : أكتبوا الكلمة المناسبة في الفراغ :

From among those inside the shaded box, write down the appropriate word in the blank:

قيادة
المنظار
مركب
البحَّارين
شابه
لباس
البحر

١- هذا .... بحَّار ، أنا بحَّار .

٢- البحَّار يحتاج إلى ....

٣- يذهب سندباد مع أبيه إلى ....

٤- يدرِّبه أبوه على .... المركب .

٥- يعلمه أبوه أشياء كثيرة عن حياة ....

٦- يرى سندباد بـ .... الأشياء البعيدة .

٧- من .... أباه فما ظلم .

* * *

<u>تدريب ٤</u> : (إملاء من الدرس السادس من كتاب التلميذ) :

(Dictation) Listen carefully! And then write down on the numbered spaces the short sentences your teacher dictates to you, and provide the complete <u>vowel signs</u>:

من كتاب التلميذ

١- .... ٢- ....

٣- .... ٤- ....

٥- ....

تدريب ٥: (التّعرّف على الفعل والفاعل والمفعول به النكرة الموصوف) :

Each of the following sentences contains a verb, a subject and an indefinite object with an adjective. Identify the verb by underling it one; identify the subject by underling it twice; identify the indefinite described object by putting it in parenthesis, as in the given example:

اِشْتَرَى لَهُ أَبُوهُ لِبَاسًا ظَرِيفًا . ← اِشْتَرَى لَهُ أَبُوهُ (لِبَاسًا ظَرِيفًا).

١ - لَبِسَ سِنْدِبَادُ لِبَاسًا ظَرِيفًا .

٢ - اِشْتَرَى لَهُ أَبُوهُ مِنْظَارًا صَغِيرًا .

٣ - تَعَلَّمَ التَّلَامِيذُ دَرْسًا جَدِيدًا .

٤ - يَقُودُ الْبَحَّارُ سَفِينَةً كَبِيرَةً .

٥ - تَرْكَبُ الْبِنْتُ دَرَّاجَةً جَدِيدَةً .

* * *

تدريب ٦ : أجيبوا شفويًّا عن الأسئلة التالية :

Answer verbally the following questions:

١ - هل تحِبُّ أن تصبِحَ بحّارًا؟

٢ - ماذا تحِبِّين أن تُصبِحي؟

٣ - ماذا يفعل البحّار بِالمنظار؟

٤ - مَن يقود السفينة الكبيرة؟

٥ - أين يُبحِرُ البَّحارُ؟

تدريب ٧ : (صواب أو خطأ) :

Read each of the following sentences and say whether it is "True" or "False" using the Arabic words for true (**صواب**) or false (**خطأ**). If you say "False," then say what the true would be; follow the two given examples:

١ - هذا سندباد، وهو بحّار صغير .

٢ - البحَّارُ لا يُبحِرُ في البحر .

٣ - الطائِرة تطير في السَّماء .

٤ - يلعب اللاعب في الملعب .

٥ - لا تدرس المدرِّسة التلاميذ في المدرسة .

* * *

تدريب ٨ : تسلية مع لعبة البحث عن كلمات تعرفونها :

Fun with word search! Horizontally, vertically or diagonally:

س	ح	ي	ا	ة	ظ	أ	م	ي	د
ن	ر	ف	و	ي	ر	ي	ر	ي	خ
د	ئـ	و	ن	ط	ي	ن	ص	ك	ض
ب	حّ	ا	ر	ل	ف	ا	ل	ب	ر
ا	م	ر	ك	ب	ـة	م	ـة	ي	ح
د	ب	ل	ن	ا	غ	أ	ث	ض	ا
ى	ش	ج	ف	س	و	ش	ح	ل	ل
ع	ط	ل	ـة	ط	س	ي	ر	م	ب
ا	ل	ن	ع	ق	ي	ا	د	ة	ح
م	ش	ه	و	ر	ا	ء	ح	مّ	ر

سندباد / بحّار / سرور / لباس / مركب / البحر / مشهور / يصبح / عطلة / ظريفة / قيادة / حياة / مثل / أشياء / يرى

المحور : النَّشاطات والهوايات : الوحدة ١٢

تدريب ١ : التناسب بين عبارات العمود الأيمن والعمود الأيسر:

Match between each statement on the right and its corresponding one on the left:

مَنْ أَنْتِ ؟	نَعَمْ ، أَنَا لاَعِبَةٌ مَاهِرَةٌ .
وَمَاذَا فِي يَدِكِ ؟	فِي الْمَلْعَبِ ، طَبْعًا !
وَمَاذَا تَفعَلِينَ بِالْكُرَةِ ؟	بِكُلِّ سُرُورٍ ، وَلَكِنْ فِي الْمَلْعَب .
هَلْ أَنْتِ لاَعِبَةٌ ؟	أَنَا يَاسْمِين .
وَأَيْنَ تَلْعَبِينَ بِالْكُرَةِ ؟	كُرَةُ قدم .
هَيَّا نَلْعَبْ فِي الشَّارِعِ !	هَيَّا بِنَا نَلْعَب !
أُحِبُّ أَنْ أَلْعَبَ مَعَكَ .	أَلْعَبُ بِهَا ، طَبْعًا .
هَيَّا بِنَا إِلَى الْمَلْعَب !	لاَ أَبَدًا ، هَذَا خَطَر !

تدريب ٢ : ترتيب الكلمات لتكوين جمل مفيدة وكتابتها :

Unscramble the following sets of words to make from each a full meaningful sentence, then write the sentence on the dotted line:

١- ونشيطة/تلميذة / ياسمين / مجتهدة ⟵

....

٢- كثيرًا / تحبُّ/ الرياضة/ ياسمين ⟵

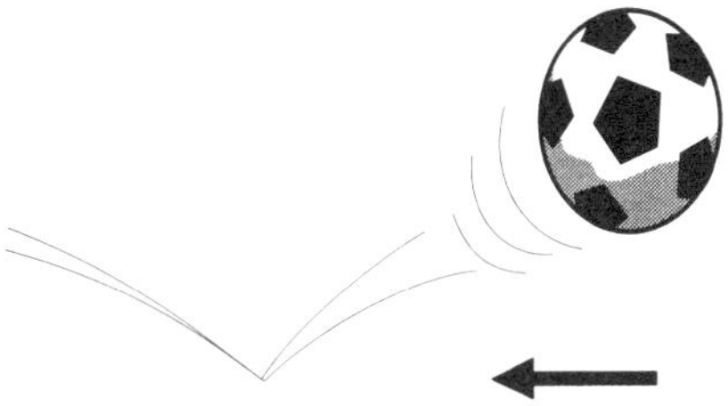

....

٣- هي / القدم/ هوايتها/ كرة / المفضلة / لعبة ⟵

....

٤- في / القدم / عضو / هي / كرة / بمدرستها / فريق ⟵

....

٥- إنَّ / مدرِّبتها / ماهرة / تقول/ لاعبة / ياسمين ⟵

....

٦- يعاملوك / كما / أن / الناس / تحبُّ / عامل ⟵

....

تدريب ٣ : أكتبوا الكلمة المناسبة في الفراغ :

From among those inside the shaded box, write down the appropriate word in the blank:

تلعبين
ماهرة
تحبُّ
لاعبة
فريقها
الملعب
السَّليم

١ـ تتدرب ياسمين مع .... بعد المدرسة.

٢ـ العقل .... في الجسم السليم .

٣ـ ياسمين لاعبة ....

٤ـ وأين .... بالكرة ؟

٥ـ هيَّا بنا إلى ....!

٦ـ يتكوَّن فريقها من إحدى عشرة ....

٧ـ عامل الناس كما .... أن يعاملوك !

* * *

تدريب ٤ : (إملاء من الدرس السادس من كتاب التلميذ) :

(Dictation) Listen carefully! And then write down on the numbered spaces the short sentences your teacher dictates to you, and provide the complete vowel signs:

من كتاب التلميذ

١ـ ....   ٢ـ ....

٣ـ ....   ٤ـ ....

٥ـ ....

تدريب ٥: (التّعرّف على العدد الترتيبي المذكر والمؤنث) :

Each of the following sentences contains an ordinal numeral in either a masculine form or feminine form to describe a previous noun; identify the numeral by underlining it; then say verbally whether it is a masculine or feminine form, as in the given example:

الدَّائِرَةُ الأُولَى حَمْرَاءُ. ← الدَّائِرَةُ <u>الأُولَى</u> حَمْرَاءُ . (feminine)

١- الْمُرَبَّعُ الثَّانِي أَزْرَقُ .   ٢- الدَّائِرَةُ الثَّالِثَةُ صَفْرَاءُ .   مربّع

٣- الدَّائِرَةُ الرَّابِعَةُ خَضْرَاءُ .   ٤- الْمُرَبَّعُ الْخَامِسُ أَبْيَضُ .

٥- الْمُرَبَّعُ السَّادِسُ أَسْوَدُ .   ٦- الدَّائِرَةُ السَّابِعَةُ زَهْرِيَّةٌ .

٧- الدَّائِرَةُ الثَّامِنَةُ بَنَفْسَجِيَّةٌ .   ٨- الْمُرَبَّعُ التَّاسِعُ بُنِّيٌّ .   دائرة

* * *

تدريب ٦ : أجيبوا شفويًّا عن الأسئلة التالية :

Answer verbally the following questions:

١- ما هي هواية ياسمين المفضلة؟

٢- ماذا تطمح ياسمين أن تصبحَ ؟

٣- هل تلعب (تلعبين) كرة القدم في الشارع ، ولماذا ؟

٤- أين ومتى يتدرّبُ فريق كرة القدم؟

٥- من كم لاعب أو لاعبة يتكوّن فريق كرة القدم ؟

* * *

تدريب ٧ : (صواب أو خطأ) :

Read each of the following sentences and say whether it is "True" or "False" using the Arabic words for true (**صواب**) or false (**خطأ**). If you say "False," then say what the true would be; follow the two given examples:

١ ـ أدرسُ وقتَ الدَّرس وألعب وقت اللعب .

٢ ـ ألعبُ كرة القدم في الشارع .

٣ ـ لا تلعب البنات كرة القدم .

٤ ـ يتكوَّن فريق كرة القدم من إحدى عشرة لاعبة .

٥ ـ اللعب في الشارع خطر .

* * *

تدريب ٨ : (تمييز الكلمة الشَّاذة في كل مجموعة) :

Circle the odd word from among each group, as in the given example:

١ ـ أدرُسُ / مَدرَسة / **ملعب** / مُدرِّسة / دروس

٢ ـ ملعب / لاعبة / ألعب / بحَّار / لعبة

٣ ـ يكتب / بحَّار / بحر / نبحر / بحَّارين

٤ ـ عشرون / مركب / ثلاثون / أربعون / خمسون

٥ ـ أخضر / أصفر / أحمر / أبيض / ماء

٦ ـ السبت / الأحد / الإثنين / زرقاء / الجمعة

<u>تدريب ٩</u> : تسلية مع لعبة البحث عن كلمات تعرفونها :

Fun with word search! Horizontally, vertically or diagonally:

ب	ع	ل	أ	ك	ة	ا	ي	ح	ف
ا	ي	ر	ر	ر	ي	و	ف	ر	ر
ل	ك	ة	ن	ي	ح	م	ط	ت	ي
ق	ب	ل	ا	ف	ل	ر	ب	حّ	ق
د	ي	ع	م	ـة	ا	ك	عً	م	ا
م	ض	ث	ا	غ	ع	ن	ا	ب	د
و	ل	ح	هـ	و	ب	ف	ج	ش	ى
ب	م	خ	ر	س	ـة	ب	ع	ل	ع
ح	ط	د	ة	ي	ق	ع	ن	ل	ا
ر	ـة	ض	ا	ي	ر	ب	ع	ل	م

ألعب / كرة / القدم / ملعب / خطر / لاعبة / لعبة / فريق /
عضو / ماهرة / تطمح / طبعًا / رياضة

* * *

<u>نشاط تلوين</u> :

المحور : النَّشاطات والهوايات : الوحدة ١٣

تدريب ١ : التناسب بين عبارات العمود الأيمن والعمود الأيسر:

Match between each statement on the right and its corresponding one on the left:

مَا هَذَا الْمَكَانُ؟	فِيهِ أَدَوَاتُ الرَّسْمِ.
عِنْدَكِ رُسُومٌ كَثِيرَةٌ جَمِيلَةٌ عَلَى الْحَائِطِ.	الرَّسْمُ هِوَايَتِي الْمُفَضَّلَةُ، أَنَا أَرْسُمُ كَثِيرًا.
وَمَاذَا فِي هَذَا الصُّنْدُوق؟	أَرْجُو ذَلِكَ، وَالآنَ اجْلِسِي حَتَّى أَرْسُمَ صُورَتَكِ.
أَرَى كَثِيرًا مِنْ عُلَبِ التَّلْوِينِ.	هَذَا مَرْسَمِي الصَّغِيرُ.
وَهَذِهِ كُرَّاسَاتُ رَسْمٍ ذَاتُ أَحْجَامٍ مُخْتَلِفَةٍ.	وَهُنَاكَ رُسُومٌ كَثِيرَةٌ أُخْرَى فِي الْخِزَانَةِ.
أَنْتِ فِعْلاً رَسَّامَةٌ مَاهِرَةٌ، وَسَتُصْبِحِينَ فَنَّانَةً مَشْهورَةً.	وَهَذِهِ عُلَبُ الأَلْوَانِ الْمَائِيَّةِ وَفُرَشُ التَّلْوِينِ.

تدريب ٢ : ترتيب الكلمات لتكوين جمل مفيدة وكتابتها :

Unscramble the following sets of words to make from each a full meaningful sentence, then write the sentence on the dotted line:

١- موهوبة/فعلا / أنت / رسَّامة ←

....

٢- إنَّ / المفضلة/ الرسم / قُلة / هوايتها / تقول ←

....

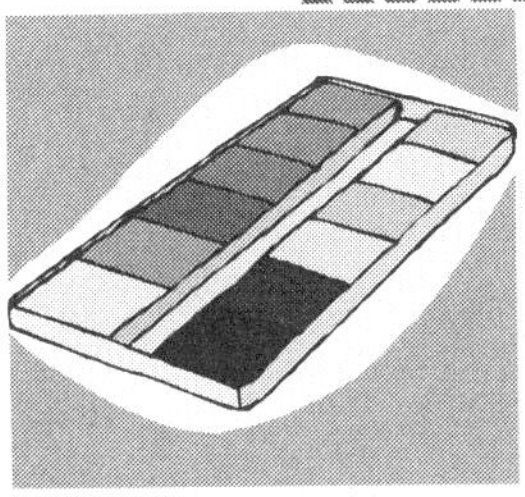

٣- في / الكثيرة/ الأدراج / تخزن / رسومها ←

....

٤- على / نماذج / حائط / تعلق / من / المرسم / رسومها ←

....

٥- في / أقلام / تضع / الصندوق / التلوين / عُلب ←

....

٦- خير / اليوم / من / بيضة / الغد / دجاجة ←

....

تدريب ٣ : أكتبوا الكلمة المناسبة في الفراغ :

From among those inside the shaded box, write down the appropriate word in the blank:

١- عصفور في اليد .... من عشرة على الشجرة .

٢- فلة .... موهوبة ، تهوى الرّسم والتلوين.

٣- عندها .... صغير في بيتها.

٤- .... في الأدراج رسومها الكثيرة .

٥- .... على حائط المرسم نماذج من رسومها.

٦- هذه علب الألوان ....

٧- في الصندوق .... الرَّسم .

مرسم
المائيَّة
تعلق
رسَّامة
أدوات
خير
تخزن

* * *

تدريب ٤ : (إملاء من الدرس السادس من كتاب التلميذ) :

(Dictation) Listen carefully! And then write down on the numbered spaces the short sentences your teacher dictates to you, and provide the complete vowel signs:

من كتاب التلميذ

١- .... ٢- ....

٣- .... ٤- ....

٥- .... ؟

تدريب ٥: (صياغة الجمع من المفرد) :

Fill in the blanks by writing the appropriate plural form which correpond to the undelined singular in the parallel sentences: The first is done as an example:

١– هَذَا رَسْمٌ .  ⇐ هَذِهِ رُسُومٌ .

٢– هَذَا لَوْنٌ . 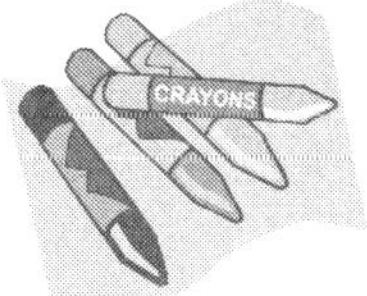 ⇐ هَذِهِ ....

٣– هَذَا حَيَوَانٌ .  ⇐ هَذِهِ ....

٤– هَذَا طَيْرٌ . 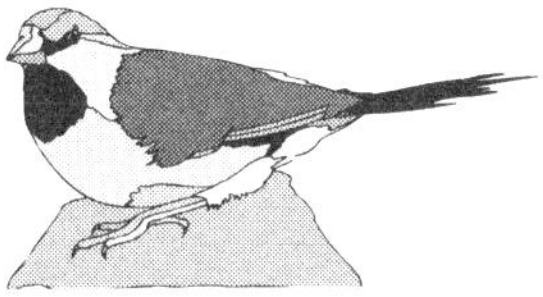 ⇐ هَذِهِ ....

٥– هَذَا قَلَمٌ .  ⇐ هَذِهِ ....

٦– هَذِهِ زَهْرَةٌ .  ⇐ هَذِهِ ....

٧– هَذِهِ شَجَرَةٌ .  ⇐ هَذِهِ ....

٨– هَذِهِ فُرْشَاةٌ . 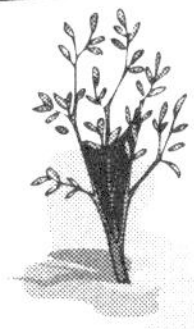 ⇐ هَذِهِ ....

٩– هَذِهِ كُرَّاسَةٌ .  ⇐ هَذِهِ ....

* * *

تدريب ٦ : أجيبوا شفويًّا عن الأسئلة التالية :

Answer verbally the following questions:

١- ما هي هواية فلة المفضلة؟

٢- ماذا في مرسم فلة الصغير ؟

٣- أين تضع فلة أدوات الرسم؟

٤- هل تحبُّ (تحبِّينَ) الرسم والتلوين؟

٥- ماذا تحبُّ (تحِبِّينَ) أن ترسمَ (ترسُمي) ؟

٦- ما هو لونكَ (لونكِ) المفضَّل ؟

٧- اذكر (اذكري) جميع الألوان التي تعرفها (تعرفينها) .

* * *

تدريب ٧ : (صواب أو خطأ) :

Read each of the following sentences and say whether it is “True” or “False” using the Arabic words for true (**صواب**) or false (**خطأ**). If you say “False,” then say what the true would be; follow the two given examples:

١- فلة فنَّانة صغيرة ورسَّامَة موهوبة .

٢- لا تهوى فلة الرسم والتلوين .

٣- لا نستعمل جميع الألوان في الرَّسم والتلوين .

٤- الرسم نشاط من نشاطات التلاميذ في المدارس .

٥- لا نستعمل فرش التلوين مع الألوان المائيّة .

٦- يحبُّ التلاميذ الرَّسم والتلوين .

تدريب ٨ : تسلية مع لعبة البحث عن كلمات تعرفونها :

Fun with word search! Horizontally, vertically or diagonally:

ح	ا	ئـ	ط	ن	ك	أ	ل	ع	ب
ع	ر	ف	ي	ي	ن	ر	ر	ي	ا
و	ل	ط	و	ح	ي	سّ	ة	ج	ل
ر	حّ	ب	ر	ف	نّ	ا	ن	ـة	و
أ	س	عً	ك	أ	ـة	م	ع	ي	د
ز	م	و	هـ	و	ب	ـة	أ	ض	م
هـ	ف	ج	م	ر	و	ت	ت	ر	و
ا	ن	ر	ب	ا	س	خ	هـ	ص	ى
ر	س	ن	ش	ق	ي	ز	د	و	ح
أ	ل	و	ا	ن	ي	ن	ض	ـة	ى

طيور / حائط / علب / رسوم / موهوبة / رسّامة / تهوى /
تخزن / أدوات / أزهار / ألوان / فنّانة / أرجو / أرى / فرش

* * *

نشاط تلوين :

المحور : الطبيعة والجوّ : الوحدة ١٤

تدريب ١ : التناسب بين عبارات العمود الأيمن والعمود الأيسر:

Match between each statement on the right and its corresponding one on the left:

مَا فَصْلُكَ الْمُفَضَّلُ يَا... ؟

أَنَا أُفَضِّلُ فَصْلَ الْخَرِيفِ .

وَأَنْتِ يَا ... مَاذَا تُفَضِّلِينَ ؟

لِأَنَّنَا نَعُودُ إِلَى الْمَدْرَسَةِ بَعْدَ عُطْلَةِ الصَّيْفِ الطَّوِيلَةِ .

مَنْ يُفَضِّلُ فَصْلَ الْخَرِيفِ؟

فِكْرَةٌ جَمِيلَة ، وَلَكِنْ لِمَاذَا ؟

غَرِيبٌ ! وَلَكِنْ لِمَاذَا ؟

لِأَنَّنِي أُحِبُّ رِيَاضَاتِ الشِّتَاءِ .

وَأَنْتَ يَا ... مَاذَا تُفَضِّلُ ؟

الرَّبِيعُ طَبْعًا .

نَعَمْ غَرِيبٌ ، وَلَكِنْ لِمَاذَا ؟

أُفَضِّلُ فَصْلَ الصَّيْفِ .

أَنَا أُحِبُّ جَمِيعَ فُصُولِ السَّنَةِ .

أُفَضِّلُ فَصْلَ الشِّتَاءِ ، غَرِيب !

تدريب ٢ : ترتيب الكلمات لتكوين جمل مفيدة وكتابتها :

Unscramble the following sets of words to make from each a full meaningful sentence, then write the sentence on the dotted line:

١- السّنة / أنا / جميع / أحبُّ / فصول ⟵

٢- أجمل / الفصول / الربيع / من / فصل / كل ⟵

٣- تتمشّى / ميسون / بين / الحقول / خرجت / أزهار ⟵

٤- تشدو / الربيع / في / الأطيار / الغصون / تشدو ⟵

٥- الربيع / لو / فصل / دام / آه / لنا ⟵

٦- وصل / سار / الدّرب / على / من ⟵

تدريب <u>٣</u> : أكتبوا الكلمة المناسبة في الفراغ :

From among those inside the shaded box, write down the appropriate word in the blank:

تشدو
استحسنت
تتمشّى
أجمل
خرجت
الرُّبى

١- .... ميسون مع والدها .

٢- خرجت ميسون .... بين أزهار الحقول.

٣- إذا الزهر على كل ....

٤- إذا الأطيار .... في الغصون .

٥-........................ ميسون هذا المنظرا .

٦- الرَّبيع .... من كل الفصول .

* * *

تدريب <u>٤</u> : (إملاء من الدرس السادس من كتاب التلميذ) :

(Dictation) Listen carefully! And then write down on the numbered spaces the short sentences your teacher dictates to you, and provide the complete <u>vowel signs</u>:

من كتاب التلميذ

١- ....   ٢- ....

٣- ....   ٤- ....

٥- .... ؟

تدريب ٥: **(صياغة اسم التفضيل من الصفا ت التي تحتها خطوط) :**

Fill in the blanks by writing the appropriate elative form from the underlined corresponding word, as in the given example:

١- فَصْلُ الرَّبِيعِ جَمِيلٌ . ⟸ فَصْلُ الرَّبِيعِ أَجْمَلُ مِنْ كُلِّ الفُصُولِ .

٢- فَصْلُ الشِّتَاءِ بَارِدٌ . ⟸ فَصْلُ الشِّتَاءِ .... مِنْ كُلِّ الفُصُولِ .

٣- فَصْلُ الصَّيْفِ حَارٌّ . ⟸ فَصْلُ الصَّيْفِ .... مِنْ كُلِّ الفُصُولِ .

٤- النَّبِيُّ رَجُلٌ فَاضِلٌ . ⟸ النَّبِيُّ رَجُلٌ.................. مِنْ كُلِّ الرِّجَالِ.

٥- هَذَا الدَّرْسُ سَهْلٌ . ⟸ هَذَا الدَّرْسُ .... مِنْ كُلِّ الدُّرُوسِ .

٦- هُوَ لاعِبٌ مَاهِرٌ . ⟸ هُوَ لاعِبٌ .... مِنْ كُلِّ اللاَّعِبِينَ .

٧- هِيَ طَالِبَةٌ نَشِيطَةٌ . ⟸ هِيَ طَالِبَةٌ .... مِنْ كُلِّ الطَّالِبَاتِ .

٨- الْعِنَبُ فَاكِهَةٌ طَيِّبَةٌ . ⟸ الْعِنَبُ فَاكِهَةٌ .... مِنْ كُلِّ الْفَوَاكِهِ.

٩- هَذَا الْكِتَابُ نَافِعٌ . ⟸ هَذَا الْكِتَابُ .... مِنْ كُلِّ الْكُتُبِ .

١٠- هِيَ رَسَّامَةٌ مَشْهُورَةٌ . ⟸ هِيَ رَسَّامَةٌ............ مِنْ كُلِّ الرَّسَّامَاتِ.

* * *

تدريب ٦ : أجيبوا شفويًّا عن الأسئلة التالية :

Answer verbally the following questions:

١ - ما هي الفصول الأربعة؟

٢ - ما هو فصلكَ (فصلكِ) المفضَّل؟

٣ - ماذا قالت ميسون لأبيها عن فصل الرَّبيع؟

٤ - ماذا قال لها أبوها؟

٥ - ماذا كتبت ميسون في دفترها عن فصل الرَّبيع؟

* * *

تدريب ٧ : (تصريفات الفعل " قَالَ " مع الضمائر) :

Fill in the blank cells by writing in the correct conjugation of the verb which corresponds to the subject pronoun given before it:

ضمير الفاعل Subject Pronoun	تصريف الفعل Verb Conjugation	ضمير الفاعل Subject Pronoun	تصريف الفعل Verb Conjugation
هُوَ	قَالَ	هِيَ	
أَنْتَ		أَنْتِ	قُلْتِ
أَنَا	قُلْتُ	أَنَا	
نَحْنُ		أَنْتُمْ	قُلْتُمْ
هُمْ	قَالُوا	هُنَّ	
أَنْتِ		أَنْتُنَّ	قُلْتُنَّ
هُوَ		هُمْ	

تدريب ٨ : تسلية مع لعبة البحث عن كلمات تعرفونها :

Fun with word search! Horizontally, vertically or diagonally:

ف	ا	ل	خ	ر	ي	ف	ل	ق	ب
ا	ص	ف	ي	ن	غ	ل	ر	ا	ا
ل	ل	ل	و	ح	ي	ر	ة	ل	ل
ر	ب	س	ا	ط	نّ	ا	ي	ت	ش
ب	س	د	ا	م	ـة	م	ع	ب	ت
ي	م	و	هـ	و	ب	ت	ا	ض	ا
ع	ف	ج	م	ي	ع	ت	ل	ر	ء
ح	ن	ك	ب	ا	ط	م	ص	ص	ى
ر	ل	ن	ر	ق	يّ	شّ	ي	و	ح
أ	س	و	ا	ة	ب	ى	ف	ـة	ى

فصل / الربيع / فكرة / الشتاء / الخريف / الصيف / غريب / جميع / تتمشّى / حلو / بساط / قالت / دام / طيّب

* * *

نشاط تلوين :

المحور : الطبيعة والجوّ : الوحدة ١٥

تدريب ١ : التناسب بين عبارات العمود الأيمن والعمود الأيسر:

Match between each statement on the right and its corresponding one on the left:

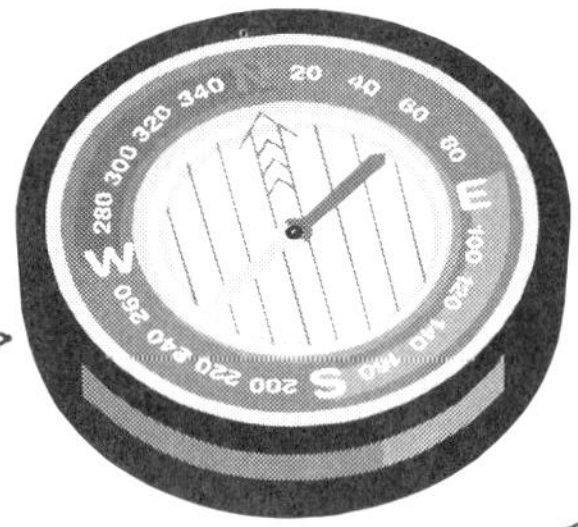

مَا هَذِهِ الصُّورَةُ ؟

لِمَاذَا نَسْتَعْمِلُ الْبُوصَلَة ؟

مَا هِيَ الْجِهَاتُ الأَسَاسِيَّةُ ؟

وَمَا هِيَ الْجِهَاتُ الثَّانَوِيَّةُ ؟

وَمَاذَا أَيْضاً ؟

أَحْسَنْتُمْ يَا تَلامِيذِي !

الشَّمَالُ الشَّرْقِيُّ وَالْجَنُوبُ الشَّرْقِيُّ ...

شُكْرًا جَزِيلاً يَا مُعَلِّمَتَنَا .

الشَّمَالُ الْغَرْبِيُّ وَالْجَنُوبُ الْغَرْبِيُّ .

الشَّمَالُ وَالْجَنُوبُ وَالشَّرْقُ وَالْغَرْبُ .

نَعْرِفُ بِهَا الْجِهَات .

هَذِهِ صُورَةُ بُوصَلَة .

تدريب ٢ : ترتيب الكلمات لتكوين جمل مفيدة وكتابتها :

Unscramble the following sets of words to make from each a full meaningful sentence, then write the sentence on the dotted line:

١- الأساسية/ هي / ما / الجهات ←

---؟

٢- لنعرف / البوصلة/ الجهات/ نستعمل / بها ←

---.

٣- ميسون/ للمصيف/ الصيف/ فراحت / وأتى ←

---.

٤- الأشجار / ميسون / الورق / خضراء / رأت ←

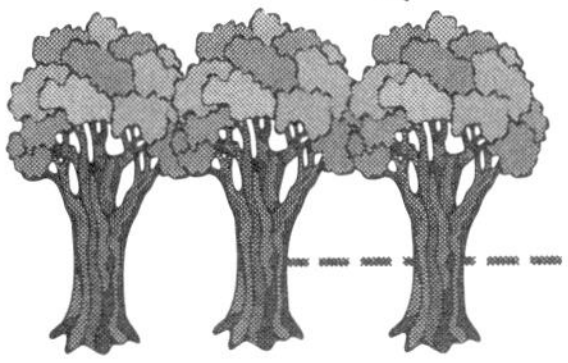

---.

٥- تصغي / جلست / الطيور / ميسون /لتغاريد ←

---.

٦- عمًّا / صيف / قليل / تنقشع / سحابة ←

تدريب ٣ : أكتبوا الكلمة المناسبة في الفراغ :

From among those inside the shaded box, write down the appropriate word in the blank:

الجهات
للمصيف
أجمل
آه
كاللؤلؤ
نستعمل

١ـ .... لو دام لنا الصيف الجميل !

٢ـ لماذا .... البوصلة؟

٣ـ نستعمل البوصلة لنعرف بها ....

٤ـ والحصى في مائها ....

٥ـ وأتى الصيف فراحت ميسون ....

٦ـ الصيف .... من كل الفصول .

* * *

تدريب ٤ : (إملاء من الدرس السادس من كتاب التلميذ) :

(Dictation) Listen carefully! And then write down on the numbered spaces the short sentences your teacher dictates to you, and provide the complete vowel signs:

من كتاب التلميذ

١ـ .... ٢ـ ....

٣ـ .... ٤ـ ....

٥ـ .... ؟

تدريب ٥ : (المفرد والجمع) :

Fill in the blank cells by writing in the plural of the singular given or the singular of the plural given

مفرد / Singular	جمع / Plural	مفرد / Singular	جمع / Plural
فَصْلٌ			أَطْيَارٌ
	حُقُولٌ	زَهْرَةٌ	
غُصْنٌ			أَنْهَارٌ
	طَالِبَاتٌ	دَرْسٌ	
رَجُلٌ			كُتُبٌ
	رِيَاضَاتٌ	لَوْنٌ	
شَجَرَةٌ			رُسُومٌ

* * *

تدريب ٦ : أجيبوا شفويًّا عن الأسئلة التالية :

Answer verbally the following questions:

١ ـ لماذا نستعمل البوصلة ؟

٢ ـ ما هي الجهات الأربعة الرَّئيسيَّة؟

٣ ـ ما هي الجهات الأربعة الثانويَّة؟

٤ ـ إلى أين راحت ميسون عندما أتى الصيف؟

٥ ـ أيُّ فصل أجملُ : الرَّبيع أم الصيف ، ولماذا ؟

* * *

تدريب ٨ : تسلية مع لعبة البحث عن كلمات تعرفونها :

Fun with word search! Horizontally, vertically or diagonally:

ش	ا	م	خ	ج	ب	و	ص	ل	ـة
غ	ر	ب	ي	ن	غ	ش	ج	ا	ر
ل	ن	ق	و	و	ي	م	ة	ـهـ	ل
ص	ب	ع	ا	ب	م	ا	ي	ت	ـة
ا	س	د	ر	م	ـة	ل	ع	ج	خ
ف	م	و	هـ	ف	ب	ت	ا	ر	ض
ي	ف	ج	ر	ي	ت	ص	غ	ي	ر
ـة	ن	ل	ب	ق	ط	م	أ	ص	ا
ر	ل	س	ر	ق	يّ	شّ	ي	هـ	ء
أ	س	ت	ا	ة	ب	ج	م	ي	ل

جهة / بوصلة / شمال / شرق / غرب / جنوب / تجري / يوم / نعرف / صافية / تصغي / جلست / ورق / خضراء / أهل

* * *

نشاط تلوين :

المحور : الطبيعة والجوّ : الوحدة ١٦

تدريب ١ : التناسب بين عبارات العمود الأيمن والعمود الأيسر:

Match between each statement on the right and its corresponding one on the left:

مَا هَذِهِ الصُّورَة ؟

يَا ...، اُذْكُرْ ثَلاثَ قَارَّاتٍ !

يَا ...، اُذْكُرِي بَقِيَّةَ القَارَّاتِ!

يَا ...، اُذْكُرْ ثَلاثَةَ مُحِيطَات !

هُنَاكَ مُحِيطَانِ آخَرَانِ ، فَمَا هُمَا؟

مَا هِيَ أَكْبَرُ قَارَّة ؟ وَمَا هُوَ أَكْبَرُ مُحِيطٍ؟

الْمُحِيطُ الأَطْلَسِي وَالْهَادِي وَالْهِنْدِي .

آسْيَا وَأَوْرُوبَّا وَإِفْرِيقْيَا .

هَذِهِ خَرِيطَةُ الْعَالَم .

أَكْبَرُ قَارَّةٍ آسْيَا ، وَأَكْبَرُ مُحِيطٍ الْمُحِيطُ الْهَادِي .

أُسْتُرَالْيَا وَأَنْتَرْكْتِكَا وَأَمْرِيكَا الشَّمَالِيَّةُ وَأَمْرِيكَا الْجَنُوبِيَّةُ .

الْمُحِيطُ الْمُتَجَمِّدُ الشَّمَالِيُّ وَالْمُحِيطُ الْمُتَجَمِّدُ الْجَنُوبِيُّ .

تدريب ٢ : ترتيب الكلمات لتكوين جمل مفيدة وكتابتها :

Unscramble the following sets of words to make from each a full meaningful sentence, then write the sentence on the dotted line:

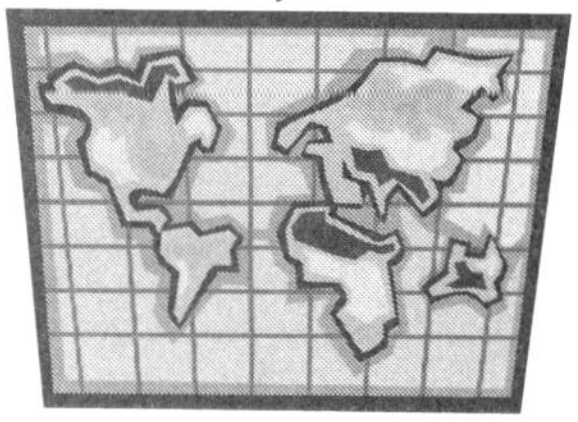

١- هي /في / ما / قارّةٍ / العالم / أكبر ←

؟---

٢- أكبر / العالم / ما / في / هو / محيطٍ ←

؟---

٣- معه / الصّيف / راح / ثمّ / والحرّ ←

.---

٤- تسقِط / الشّجر / الرِّياح / أوراق / أخذت ←

.---

٥- بعد / الخريف / الصّيف / وأتى /فصل ←

.---

٦- فصل / قليلا / الخريف / الجوٌّ / في / يبرُدُ ←

.---

تدريب ٣ : أكتبوا الكلمة المناسبة في الفراغ :

From among those inside the shaded box, write down the appropriate word in the blank:

الهادي
آسيا
الرياح
تسقِط
طاب
محيطات

١- برد الجوّ و .... الثمر في الخريف .

٢- أخذت .... تسقِط أوراق الشجر .

٣- في العالم خمس ....

٤- المحيط .... هو أكبر محيط في العالم.

٥- .... أكبر قارَّة في العالم .

٦- في الخريف .... الرِّياح أوراق الأشجار .

* * *

تدريب ٤ : (إملاء من الدرس السادس من كتاب التلميذ) :

(Dictation) Listen carefully! And then write down on the numbered spaces the short sentences your teacher dictates to you, and provide the complete <u>vowel signs</u>:

١- ....   ٢- ....

٣- ....   ٤- ....

٥- ....

تدريب ٥ : (المثنى في الضمائر والأسماء) :

Fill in the dotted spaces by writing the dual forms of the underlined singulars:

١ – مَنْ أَنْتَ؟ ⟵ مَنْ أَنْتُمَا؟

٢ – مَنْ هُوَ؟ ⟵ مَنْ ....؟

٣ – مَا هَذَا الْكِتَابُ؟ ⟵ مَا ....؟

٤ – هَذِهِ وَرْدَةٌ جَمِيلَةٌ. ⟵ ....

٥ – مَا هَذِهِ الصُّورَةُ؟ ⟵ مَا ....؟

٦ – هَلْ أَنْتِ تِلْمِيذَةٌ؟ ⟵ هَلْ ....؟

٧ – هُنَاكَ مُحِيطٌ آخَرُ. ⟵ هُنَاكَ ....

* * *

تدريب ٦ : أجيبوا شفويًا عن الأسئلة التالية :

Answer verbally the following questions:

١ - ما هي قارّات العالم؟

٢ - ما هي محيطات العالم؟

٣ - في أيِّ قارة تقع أمريكا؟

٤ - ماذا قالت ميسون عن فصل الخريف؟

٥ - اذكر (اذكري) بعض أنواع الثمر التي تطيب في الخريف؟

تدريب ٨ : تسلية مع لعبة البحث عن كلمات تعرفونها :

Fun with word search! Horizontally, vertically or diagonally:

م	ا	م	خ	ج	ب	و	ر	ل	ـة
ح	خ	ب	ي	ن	غ	هـ	ن	ا	ك
ي	ن	و	ك	مّ	ث	ر	ى	ـهـ	ح
ط	ب	ع	خ	ب	م	ا	ي	ت	ـة
آ	س	ي	ا	م	ت	ل	ع	ا	ق
ف	م	ب	خ	ف	س	ت	ن	ل	خ
ق	ف	ج	ر	ي	ق	ص	ب	ع	ر
ـة	ا	ل	ي	د	ط	م	أ	ا	ي
ر	ل	رّ	ط	ا	ب	شّ	ي	ل	ط
ت	و	ت	ة	ة	ب	ج	م	م	ـة

قارّة / محيط / آسيا / خريطة / هناك / راح / برد / طاب /
توت / خوخ / عنب / تسقط / كمّثرى / العالم

نشاط تلوين :

المحور : الطبيعة والجوّ : الوحدة ١٧

تدريب ١ : التناسب بين عبارات العمود الأيمن والعمود الأيسر:

Match between each statement on the right and its corresponding one on the left:

كَيْفَ نَقِيسُ الْوَقْتَ ؟	سِتُّونَ دَقِيقَةً .
وَمَاذَا أَيْضًا ؟	مَعَ السَّلاَمَةِ !
وَمَاذَا أَيْضًا ؟	نَقِيسُهُ أَيْضًا بِالأَيَّامِ وَالأَشْهُرِ وَالسِّنِينَ .
كَمْ دَقِيقَةً فِي السَّاعَةِ ؟	فِي السَّنَةِ إِثْنَا عَشَرَ شَهْرًا .
كَمْ سَاعَةً فِي الْيَوْمِ ؟	نَقِيسُهُ أَيْضًا بِالدَّقَائِقِ والثَّوَانِي .
وَكَمْ يَوْمًا فِي الشَّهْرِ ؟	نَقِيسُ الْوَقْتَ بِالسَّاعَاتِ .
وَكَمْ شَهْرًا فِي السَّنَةِ ؟	أَرْبَعٌ وَعِشْرُونَ سَاعَةً فِي النَّهَارِ وَاللَّيْلِ .
اِنْتَهَى وَقْتُ الدَّرْسِ ، إِلَى اللِّقَاءِ !	ثَلاَثُونَ أَوْ وَاحِدٌ وَثَلاَثُونَ يَوْمًا .

تدريب ٢ : ترتيب الكلمات لتكوين جمل مفيدة وكتابتها :

Unscramble the following sets of words to make from each a full meaningful sentence, then write the sentence on the dotted line:

١- الشتاء /فصل / بعد /أتى / الخريف ←

٢- قرب / ميسون / الموقد / جلست ←

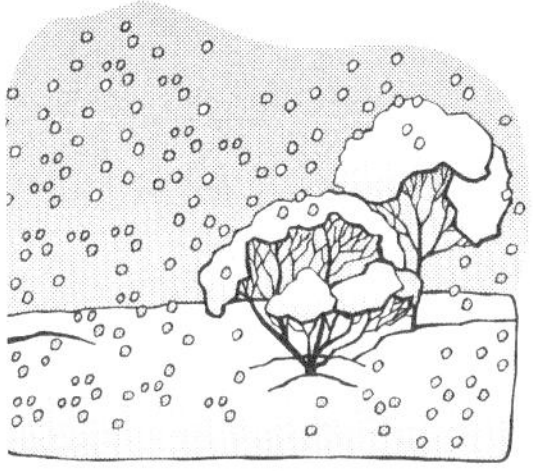

٣- فصل / وجميل / كلّ / مُستحَبٌّ ←

٤- غطى / تساقط / والتلال / الجبال / ثلج ←

٥- شهرا / السنة / إثنا / في / عشر ←

٦- الوقت / والأيّام / نقيس / بالسّاعات / والأشهر ←

تدريب ٣ : أكتبوا الكلمة المناسبة في الفراغ :

From among those inside the shaded box, write down the appropriate word in the blank:

السنة
يروي
مستحَبٌّ
الشهر
يشوي
الموقد
دقيقة

١- في السَّاعة ستون ....

٢- في .... ثلاثون يومًا .

٣- في .... إثنا عشر شهرًا .

٤- جلست ميسون قرب ....

٥- وأبوها كان .... قصصا .

٦- وأخوها صار .... كستنا .

٧- كل فصل .... وجميل .

* * *

تدريب ٤ : (إملاء من الدرس السادس من كتاب التلميذ) :

(Dictation) Listen carefully! And then write down on the numbered spaces the short sentences your teacher dictates to you, and provide the complete vowel signs:

١- ....   ٢- ....

٣- ....   ٤- ....

٥- ....

تدريب ٥: (تصريف أفعال الأمر مع المذ كر والمؤنث المفرد والجمع) :

Fill in the blank cells by writing in the appropriate conjugation of the verb; the first is completely done for you as an example to follow:

 جَمْع / Plural	مُفْرَد مُؤَنَّث / Feminine Singular	 مُفْرَد مُذَكَّر / Masculine Singular
اُدْرُسُوا	اُدْرُسِي	اُدْرُسْ
		اُكْتُبْ
	اِسْمَعِي	
اِقْرَؤُوا		
		اِجْلِسْ
	اُسْكُتِي	
اِرْجِعُوا		
		تَكَلَّمْ
	اُخْرُجِي	
رَدِّدُوا		
	قُولِي	قُلْ
اُخْرُجُوا		
		اِشْرَبْ

* * *

تدريب ٦ : أجيبوا شفويًّا عن الأسئلة التالية :

Answer verbally the following questions:

١ ـ ماذا حدث للجوّ في الشتاء ؟

٢ ـ أين جلست ميسون في الشتاء ؟

٣ ـ ماذا فعل أبوها ، وماذا فعل أخوها؟

٤ ـ كم ساعة في اليوم؟

٥ ـ كم يوما في الشهر ؟

٥ ـ كيف نقيس الوقت ؟ (٦ أشياء)

تدريب ٧ : (صواب أو خطأ) :

Read each of the following sentences and say whether it is "True" or "False" using the Arabic words for true (**صواب**) or false (**خطأ**). If you say "False," then say what the true would be; follow the two given examples:

١ ـ يصبح الجوّ حارًّا في الشتاء .

٢ ـ يأتي فصل الشتاء بعد الخريف .

٣ ـ يبرد الجو كثيرًا في الشتاء ، ويتساقط الثلج .

٤ ـ في السنة أحد عشر شهرًا .

٥ ـ في السَّاعة سِتُّون دقيقة .

٦ ـ النَّهار والليل عشرون ساعة .

٧ ـ ميسون تحبُّ جميع فصول السَّنة .

تدريب ٨ : تسلية مع لعبة البحث عن كلمات تعرفونها :

Fun with word search! Horizontally, vertically or diagonally:

ب	ح	ت	س	م	ة	ش	ي	ح	ب
خ	ح	ا	ي	ر	هـ	م	ف	ر	ن
ض	ك	ص	ث	ر	ط	ط	د	ئـ	ق
ر	ب	ل	ا	ف	ل	ر	س	حّ	ي
ح	ج	ـة	ا	ـة	ن	ـة	ع	ا	س
ت	ق	و	ل	ا	ا	ن	ل	ب	د
ل	ل	ح	ش	و	ف	ف	ج	ق	غ
ب	م	ق	ت	س	ع	ـة	ي	ط	ع
ح	ر	د	ا	ي	ق	ق	ى	ل	ا
ب	مّ	ح	ء	ا	ـة	ل	ي	م	ج

الشتاء / الوقت / قرب / برد / رياح / نقيس / مطر / ثلج /
جميل / مستحب / نافع / غطى / ساعة / دقيقة / شهر

* * *

نشاط تلوين :

The Author's Introduction and Instructions to the Teachers

This Workbook is designed to be a companion to the **Second Generation Textbook IQRA' Arabic Reader, Grade 2.** It must be considered an extension to the Textbook and an integral part of it, without which the learning process will be incomplete. It is designed to be an exercise and activity book which complements and reinforces what the student learns from the Textbook.

However, while the material and exercises of the Textbook are intended basically to reinforce the oral audio-visual aspects of the language, those of this Workbook are further devoted to writing and hands-on activities. This important learning tool not only will help the student master the material learned from the Textbook, but will help him / her develop better study and comprehension skills. It will also help the student in better conceptualization of the information gained from the Textbook and will, furthermore, help him / her develop creative and critical thinking skills as well as inference insight.

Through field-testing and feed-back, it was found that the students greatly enjoyed working with these workbooks accompanying the textbooks. They also found the drills and activities contained herein engaging, relevant and enriching.

When working with the drills of both Textbook and Workbook, it is recommended that the teacher should first cover all the drills of the Textbook in the class, then move on to cover the drills and activities of the Workbook after having covered all the unit lessons of the Textbook thoroughly. A good part of the Workbook's drills and activities must also be covered in the classroom setting, under the direct supervision and guidance of the teacher. However, some of the drills in this work book, either partially or totally, could be assigned as homework or even as part of the students' evaluation and testing at the end of each unit, which should approximately take two weeks to cover, both in the Textbook and Workbook. Once some of the drills are assigned as homework, it is important that the teacher goes over the correct answers in class and have the students make their own corrections of the mistakes done in the homework.

It is also important that teachers' planning of instruction should involve enough time in class and at home to allow for covering the material of the Workbook very thoroughly. The Textbook and this accompanying Workbook are designed to contain material to be covered in two working weeks, with a minimum of four periods per week. Thus the materials of both Textbook and Workbook can be covered in thirty weeks of instruction, or a full academic year in a full time school setting.

The author of these books strongly believes that constant communication between him and the teachers involved in teaching them, will be greatly beneficial for further improvements in future editions of these books. Therefore, he urges all concerned teachers to keep in touch and send him and send him their written comments and suggestions.

Fadel Ibrahim Abdallah
Dhu-l-Qi'dah 1427 / December 2006
fadel@iqra.org
(847) 673-4072, Ext. 226